부부를 위한

인지치료

Frank M. Dattilio · Christine A. Padesky 공저

곽욱환 · 김영란 · 김윤정 · 남주영 · 박영애 · 조정혜 공역

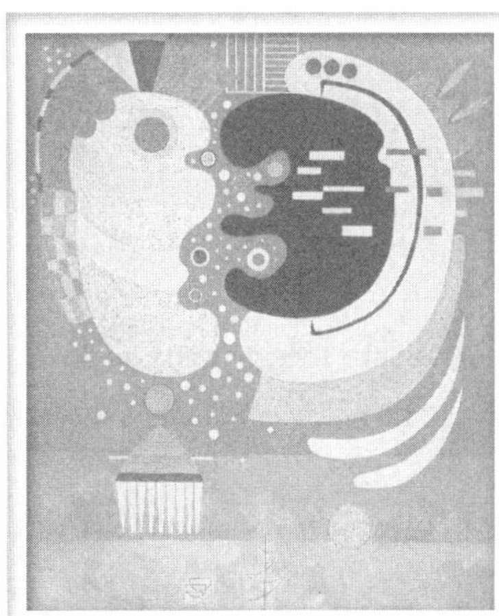

COGNITIVE THERAPY
WITH COUPLES

학지사

Cognitive Therapy with Couples
by Frank M. Dattilio and Christine A. Padesky

추천사

인지행동치료가 오늘날 효과적인 근거 중심 치료의 대표격으로 자리매김하고 있다는 것은 더 이상 재론의 여지가 없다. 거의 모든 정신건강 영역에서 정신병리의 유무를 막론하고 효과적인 치료와 코칭의 도구로 사용되고 있는 인지행동치료의 장점은 그 진화성과 융통성이라고 할 수 있다.

이 책의 저자인 Dr. Frank Datillio와 Dr. Christine Padesky는 Dr. Aaron T. Beck 이후에 창의적인 이론은 물론, 다양한 임상 경험으로 무장하고 있는 인지행동치료 분야에서 가장 유능한 치료자들에 속한다. 메타인지행동치료 연구소의 초청으로 한국에 온 Dr. Datillio가 워크숍을 진행하였을 때 참석한 필자의 제자들 중 김영란 선생이 곽욱환, 남주영, 조정혜, 김윤정, 박영애 선생 등과 의기투합하여 *Cognitive Therapy with couples*를 한국어로 번역출간하게 되었다.

필자는 이 책이 우리나라의 치료자들에게 부부의 문제를 다루는 데 많은 도움이 될 것으로 믿어 의심치 않는다. 또한 각자 임상에서 바쁜 시간을 보내는 중에도 틈틈이 번역과 수정에 시간과 노력을 투자한 역자들에게 심심한 찬사를 보낸다.

2010년 3월

메타인지행동치료 연구소장 최영희

역자 서문

필자가 본격적으로 인지치료를 배우기 시작한 시기는 2004년 정신과 전임의 시절이다. 그래서 인지치료를 경험한 기간은 불과 5~6년밖에 되지 않는 일천한 시간이다. 그러나 인지치료를 배울 수 있는 기회를 주신 최영희 선생님 덕택으로, 짧은 기간 안에 상당한 치료적 경험과 더불어 많은 강의와 워크숍에 참석할 수 있었다.

정신과 레지던트 수련과정 중 정신분석치료를 공부하면서 정신치료 분야에 상당한 매력을 느낄 수 있었다. 그러나 대한민국 의료현실에서 정신분석치료가 가지는 많은 한계는 필자에게 '어떻게 현실에서 정신치료가 환자들에게 접근 가능할까' 에 대한 많은 회의와 의문을 던져 주었다. 어쩌면 이런 회의와 의문이 인지치료에 눈을 돌리게 만들었는지도 모른다. 인지치료는 상황에 따라 비교적 변용이 수월한 치료방법이다. 치료자가 인지치료의 기본적인 개념을 머리에 간직하고 있다면 인지치료 전체를 환자에게 적용해 볼 수도 있고, 때로는 부분적인 치료 모듈(module)이나 기법만을 한정해서 임상에 적용해 볼 수도 있다. 이와 동시에 인지치료는 다른 치료방법과 쉽게 통합할 수 있는 수용 가능성이 넓은 치료방법이다.

현재의 정신치료 실제에서 부부들을 상담하는 과정은 치료자와 환자 모두를 곤혹스럽게 만든다. 시간적인 한계는 논외로 하더라도, 문제를 해결하러 왔으면서도 계속적으로 상대 배우자에게 감정적인 해소나 책임전가로 일관하는 부부를 볼 때마다 정신치료가 얼마나 곤혹스럽고 난해한 작업인가를 필자는 실감하게 된다. 이 어려운 난관을 극복하기 위해 다양한 치료접근을 부부치료에 적용시켜 보았지만 좌충우돌하게 되어 치료가 방향성을 잃어버리는 경험을 자주 접하곤 한다. 아마 이런 경험은 필자만이 간직한 경험은 아닐 것이다.

인지치료에 익숙하지 않은 치료자들은 인지치료가 환자의 감정에 접근하기에는 많은 한계를 가지는 치료라고 한다. 그래서 더더욱 부부들에게는 이런 접근을 적용하기가 어렵다고 판단하곤 한다. 물론, 필자도 예전에는 이와 비슷한 견해를 가지고 있었다. 그렇지만 이 책에서는 그러한 한계를 극복할 수 있는 여러 사례와 책략을 제시해 주고 있다. 이러한 사례와 책략은 어쩌면 부부뿐 아니라, 변화를 두려워하는 환자, 관계에 어려움을 가지는 많은 사람들에게도 적용 가능한 융통성이 풍부한 치료방법이라고 판단된다. 어떻게 이런 얇은 책 한 권에 부부치료의 핵심적이고 중요한 과정과 난점을 잘 요약할 수 있는지 저자들의 능력에 다시 한 번 경외감을 갖게 된다.

2008년 3월 메타인지행동치료 연구소의 초청으로 한국을 방문한 Dr. Datillio의 워크숍 참가를 계기로 우연히 이 책을 번역하게 되었다. 당시 Datillio 박사가 전달하는 강의에 감명을 받은 역자들은 그의 대표적인 부부치료 입문서를 번역해야겠다는 의견에 일치를 모았다. 그래서 곽욱환, 김영란, 남주영, 김윤정, 박영애, 조정혜 선생이 참가하여 이 책을 번역하게 되었다. 각자가 맡은 부분을 먼저 초역한 뒤, 대표 역자인 곽욱환이 처음부터 끝까지 재번역과 수정을 거듭하였다. 얇은 책 한 권을 출판하는 일이지만 번역이 얼마나 고역이고 지루한 과정임을 다시 한 번 실감하는 과정이었다.

저작권 문제의 해결이 쉽지 않아 출간에 어려움을 겪고 있는 동안 성심으로 지원해 주신 학지사 김진환 사장님과 서한나 씨에게 감사의 말씀을 드리며, 지루하고 더딘 교정과정을 묵묵히 참아 주신 편집부 이근호 씨에게도 진심으로 감사의 말을 전한다. 그리고 역자의 게으름으로 미루어지던 작업을 조금이라도 빨리 끝나게 도움을 준 나유미 간호사에게도 고마움을 전한다. 마지막으로 항상 바쁜 남편 뒤에서 묵묵히 응원해 준 아내 경희와 세상에서 가장 큰 힘을 주는 아들 재현이에게 다시 한 번 사랑한다는 말을 전한다.

2010년 3월

역자 대표 곽욱환

머리말

지난 25년 동안 인지치료는 정서와 행동장애뿐 아니라 다양한 영역에서 폭넓게 적용되어 왔다. 이러한 다양한 적용은 이미 책으로 출간되었고, 우울, 불안, 물질 남용, 식이장애, 그리고 최근에는 성격장애에 이르기까지 많은 치료 영역에서 연구가 진행되고 있다. 그렇지만 고통을 겪고 있는 부부들에게 인지치료를 적용하는 것은 아직 걸음마 단계다.

나는 『사랑만으로는 살 수 없다(*Love Is Never Enough*)』(Beck, 1988)[1]라는 책에서 일반적인 부부들을 위해 인지치료의 이론적이고 실제적인 부분을 언급하였다. 나의 책은 이런 접근법을 적용하는 데 흥미를 가지고 있는 전문가뿐 아니라 비전문가에게도 지침

1) 역자 주: *Love Is Never Enough*는 국내에서 『사랑만으로는 살 수 없다』(제석봉 역, 2001, 학지사)로 번역되어 출간되었음.

역할을 해 왔지만, 특수한 사례에 적용 가능한 기법과 원리를 배우기를 원하는 치료자들에게 좀 더 자세한 안내서의 필요성이 제기되어 왔다.

나는 Dattilio 박사와 Padesky 박사가 효용성이 많은 이 책을 출간하기 위한 작업을 떠안기로 결심한 것을 기쁘게 생각한다. 그들의 초고에는 고통 속에 있는 부부들을 치료하기 위한 자신들의 임상경험과 전문적인 연구 문헌들이 포함되어 있었다. 또한 이 책에는 펜실베이니아 대학의 인지치료센터 치료진들의 많은 개척자적인 성과도 포함되어 있다.

이 책의 두 저자는 자신들의 사례에서 풍부한 경험을 가져왔다. Frank Dattilio 박사는 펜실베이니아 대학의 인지치료 센터의 전임의였으며, 지금은 정신의학부(심리학)의 일원이다. 그와 나는 부부뿐 아니라 일반적인 영역에서 인지치료에 대한 많은 토론을 해 왔다. Dattilio 박사는 부부치료에서의 다양한 경험으로 나의 저서에 도움이 되는 사례를 제공하였으며, 개인과 부부를 위한 인지치료에 대한 국제 학술연구회와 워크숍에 공동 발표자로 나를 도왔다.

Christine Padesky와 나는 지난 7년 동안 교육 팀으로 활동해 왔으며, 유럽과 미국에서 20여 개 이상의 워크숍(부부 문제를 위한 인지치료를 포함해서)을 함께 진행해 왔다. 그녀는 혁신적인 교육자이며, 이 책에서 설명되는 예에서 보듯이 신선한 귀를 가진 임상의다. 그녀는 인지치료 경험을 가진 치료자와 초보자들에 대한 교육과 지도감독자로서의 경험도 매우 풍부하다. 그녀의 이런 경험은 인지치료자로서 그녀를 인지치료의 주요한 핵심을 이해하는 드문 치료자 중 한 사람으로 성장하게 만들었다.

인지치료 교육자로서 두 저자의 많은 경험은 치료의 미묘한 차이를 보여 주는 이 책의 임상 사례에서 명백하게 드러난다. 치료의 전 과정이 기술된 7장 임상 사례는 이런 치료과정의 첫 번째 예를 제공한다. 이 예는 임상 장면에서부터 발췌되었으며, 임상 장면에서 전문가들이 경험하는 좋은 예가 될 것이다.

이 책은 평가와 치료과정을 세밀하게 설명하고 있으며, 부부를 위한 인지치료의 간략한 개관을 포함하고 있다. 치료의 구조와 과정을 명확하게 제공하고 있는 것 외에도, Dattilio와 Padesky는 치료과정을 자주 방해하는 믿음의 확인과 변화를 위한 훌륭한 전략을 제공한다.

*Cognitive Therapy with couples*는 고통 속의 부부들을 치료하고 있는 모든 정신 건강 전문가들을 위한 훌륭한 자원이다. 이 책의 명확하고 간략한 기술은 부부치료에 인지 모델의 적용을 시도하고자 하는 것에 흥미를 가진 모든 치료자들에게 도움을 줄 것이다.

Aaron T. Beck, MD
Professor of Psychiatry
University of Pennsylvania
School of Medicine
Philadelphia, Pennsylvania

감사의 글

용기 있게 치료의 문으로 들어와 자신들의 삶에 가장 중요하고 위험한 순간에 서로의 관계를 이해하고 변화시키기 위해 노력한 모든 부부들에게 저자들은 감사의 뜻을 전한다. 각 부부들은 자신들의 치료자에게 진화하는 인지치료 영역에서 무언가를 가르쳐 주었다. 또한 치료자와 저자로서 발전을 하게끔 도와준 조언자들과 동료들에게도 감사의 말을 전한다.

＊ ＊ ＊

먼저 나는 이 계획에 무한정한 지도와 격려를 아끼지 않은 나의 조언자이며 스승이신 Aaron T. Beck에게 감사의 말을 전하고 싶다. 그의 지지는 어려운 집필 과정 동안 나의 낙관주의에 추진력이 되어 주었다. 또한 출판 과정 중 인내력을 가지고 격려해 주신 출판자인 Larry Ritt에게도 감사의 말을 전한다. 어려운 난관에 봉착할 때마다 동료들—Francis Gaal, Ruth Greenberg, Shelly Milestone, Conrad Weiser—은 도움이 되는 충고를 아끼지 않았다. 게다가 빛나는 많은 제안을 주신 필라델피아 인지치료 센터의 모든 동료에게 감사의 뜻을 표한다. 훌륭한 실력과 필사 능력을 가지고 타이핑을 맡아 준 Lisa Golba와 Deborah Singleton에게도 많은 감사를 드리며 편집에 대해 전문가적인 충고와 지시를 해 준 Carol Stillman에게도 감사의 마음을 전한다.

마지막으로 원고의 준비 관계로 집을 비우는 동안 사랑과 지지를 준 아내와 아이들에게 감사의 말을 전한다.

Frank Dattilio

나는 지난 12년 동안 Aaron T. Beck이 보여 준 그의 지도와 우정에 대해 감사를 표하고 싶다. 그의 사고와 기회를 제공해 주는 관대함은 내가 경력을 쌓아 가는 데 큰 도움이 되었다. 이론가로서, 작가로서, 연구가로서 잘 알려진 그의 자질에 경탄과 더불어, 나는 항상 공감적이고 비판단적인 치료자로서 그가 보여 주는 본보기에 감명을 받아 왔다. 나에게 좀 더 글을 쓰도록 격려한 그에게 감사를 전한다.

지난 10년 동안 인지치료를 교육하는 과정을 통해 나는 많은 배움의 기회를 가지게 되었다. 나는 우리 센터에서 박사과정 후 전임의과정을 보내게 된 것에 감사의 뜻을 표하고 싶다. 특히 다양한 문화적 차이를 가진 많은 부부들을 치료해 온 Craig Wiese에게 경의를 표한다. 또한 통찰력 있는 질문으로 인지치료에 대한 나의 이해를 깊게 만든 센터의 지도 그룹과 집중 교육 프로그램에 참여한 많은 경험 있는 치료진들에게 감사를 드린다.

James Shenk와 Gail Simpson은 부부 인지치료에 대한 자신의 경험을 기반으로 이 책의 원고를 읽고 조언을 해 주었다. 그들은 또한 글을 쓰기 위해서 내가 하루 종일 집안에서 머무를 때, 뉴포트 비치에 있는 인지치료센터가 잘 운영될 수 있도록 도와주었다. Donald Meichenbaum은 이 책의 초고를 읽고, 내용의 발전을 위해 훌륭한 충고를 많이 해 주었다. 부부를 위한 인지치료에 대한 나의 견해는 Janis Abrahms, Norman Epstein, Jean Fromm과 Doris Dehardt와 함께한 워크숍과 대화를 통해 추가적인 도움을 받았다.

마지막으로, 지난 8년 동안 Kathleen Mooney와 함께 인지치료에 대하여 나눈 대화는 인지 모델에 대해 명료하게 이해하도록 하였고, 치료작업에도 명확한 도움이 되었다. 그녀의 창조적인 임상적인 능력, 정교한 편집 실력, 비판적인 분석은 나에게 헤아릴 수 없을 정도로 치료와 글쓰기, 교육, 대인관계에 도움을 주고 있다.

Christine Padesky

서 문

역기능적인 부부를 치료하는 전문가들은 종종 정신치료가 얼마나 고역인지를 알게 된다. 터질 듯한 삶의 순간, 심각한 고통 속에 놓여 있는 부부들을 치료하는 치료자들에게 이 말은 너무나 공감되는 진실일 것이다. 1960년부터 1974년까지 이혼율은 일 년에 백만 명에 이를 만큼 상승곡선을 그려 왔다. 최근 감소추세에 이르기 전까지 이런 상승곡선은 지속되어 왔다(Kelly, 1998). 경이적인 이혼율에 부분적인 반응으로, 이혼의 위험을 피하고 핵가족을 유지하려는 시도로써 황폐해진 결혼생활을 강화시키려는 노력이 재유행되고 있다. 결과적으로 지난 20년간의 문헌들은 적용에 초점을 둔 부부치료 모델의 개발을 좀 더 강조해 오고 있다.

이 책은 갈등과 고통을 겪고 있는 부부들과 함께 작업하는 정신건강 전문가들을 위해 집필되었다. 이 책은 다양한 기법을 적용하기 위한 지침을 제공하고 부부치료의 인지 모델을 임상의들에게 알리기 위해 고안되었다. 이런 인지적인 접근은 문제 있는 관계를 치료하는 것에만 국한된 것이 아니라, 기본적으로 좋은 관계를 유지하고 있는 부부들의 조화를 증진시키고 강화시키는 데도 도움을 줄 수 있다.

어떤 특수한 치료적 접근법을 고수하지 않고, 절충적인 접근을 선호하는 치료자들은 이 책을 통해 효과적인 부부치료의 완전한 하나의 모델을 소개받을 수 있을 것이다. 치료에서 특수한 하나의 모델을 고수하고 있는 임상가들은 최근 자신이 사용하는 치료적 접근을 좀 더 강화시킬 수 있는 기법의 추가적인 제공처로써 이 책을 이용해 볼 수도 있을 것이다.

이 책은 인지치료의 개관과 함께 부부 인지치료의 최신 문헌 고찰을 포함하고 있다. 이 문헌들의 고찰은 방대한 작업이다. 부부 인지치료에 대한 연구 문헌들을 좀 더 전반적이고 자세하게 보기를 원하는 독자들은 Baucom과 Epstein(1990)의 작업을 참조하기 바란다. 역기능적 관계를 평가하기 위한 특수한 방법과 함께 부부 인지치료의 이론과 철학은 이 책에 자세하게 언급되어 있다. 의사소통 훈련의 인지적인 면을 포함한 다양한 치료적 기법이 이 책 안에 자세하게 소개되어 있다. 다른 장에서는 문화적 문제, 대안적인 생활 습관과 함께 부부의 원가족에서 기인한 기저 믿음의 영향에 대해서 다루고 있다. 추가적으로 언급한 부분은 배신, 목표가 다른 부부, 공존하는 정신과 질환(예: 성격장애와 우울증)을 동반한 부부치료 등이다.

자세한 임상 사례가 인지 모델의 '손쉬운' 적용의 예로 제시되었다. 치료 실제에서 인지적 접근을 포함한 특별한 각각의 단계를 보여 줄 목적과 고통 속에 놓인 부부들을 다룰 때 임상가들이 자주 접하게 되는 임상 예를 대표하기 때문에 이 사례가 선택되었다. 또한 참조할 수 있는 자료들도 제시되어 있다. 이 책은 인지치료의 기본 교육과정이나 워크숍과 함께 사용되는 것이 바람직하다. 만약 그럴 수 없다면, 이 책을 통독한 후 자세하게 몇몇 장을 공부한 후에 치료시간에 기법들을 적용해 보도록 권유한다. 물론, 좀 더 어려운 사례는 지도감독을 받을 것을 권한다.

이 책의 내용은 임상의로서 우리의 작업과 인지치료 연구 보고서에서 바탕을 두었다(단, 내담자의 이름과 사례의 자세한 부분은 익명성을 유지하기 위해 의도적으로 수정한 것임을 밝힌다.). 이 책의 집필에 두 저자는 동등하게 공헌하였기에 알파벳순으로 나열하였다. 우리는 부부들에게 인지치료를 사용하려는 전문가들을 위해 실제적인 자원을 제공하는 치료자 안내서로써 이 책을 출판하였다.

Dattilio & Padesky

차 례

1 인지치료의 개관

역사적 발달

지난 20년 동안 인지치료는 가장 빨리 성장해 나가고 있으며 가장 대중적인 치료방법의 하나로 자리를 잡아 가고 있다(Patterson, 1980; Ritter, 1985; Smith, 1982). 실제 20여 개 이상의 치료들이 '인지적' 또는 '인지-행동적'이라고 불리고 있다(Mahoney & Lyddon, 1988). 그러므로 인지치료가 무엇을 의미하는가를 명확하게 하는 것이 중요할 것이다.

이 책은 벡(A. T. Beck) 박사와 그의 동료들이 발전시킨 인지치료의 이론, 치료, 개념적인 모델들에 관해 언급하고 있다(Beck, 1976, 1988; Beck, Emery, & Greenberg, 1985; Beck et al., 1990; Beck, Rush, Shaw, & Emery, 1979). '인지적'이라고 불리는 치료일지라도, 실제

다섯 가지 모든 요소—환경(발달력과 문화를 포함해서), 생리, 정서, 행동 그리고 인지(Padesky, 1986)—의 상호관계를 강조하고 있다.

1960년대와 1970년대 초반 대부분의 치료자들은 내담자의 인지적인 문제에 관심을 두지 않고 정서, 생리, 행동, 발달력을 중요시하였다. 그래서 다섯 가지 요소의 상호작용적인 치료 모델을 기술하는 데 '인지적'이라는 용어를 사용하게 되었다. 벡의 치료는 정서, 행동, 생리, 환경적 경험에 영향을 미치는 사고의 중요성에 관심을 두는 최초의 치료였기에, 그의 치료가 '인지적'이라는 용어로 불린 것은 자연스러운 것이었다. 그러나 불행하게도 이 명칭은 몇 가지 오해를 낳고 있다.

첫 번째 오해는 일부 저자와 치료자들이 인지 모델은 사고에 따라 기분과 행동이 좌우된다고 생각했던 것이다. 이러한 견해는 하나의 미신에 불과하다. 엘리스(A. Ellis)는 합리적 정서치료(1960년대에 발달된 다른 '인지적' 치료) 이론의 한 부분으로서 생각이 기분을 유발한다고 주장하였다(Elliis, 1962). 이와 반대로, 상호 영향주의 모델을 기반으로 한 인지치료에서는 인지, 기분, 행동, 생리, 환경이 서로 영향을 미친다고 주장한다.

인지의 왜곡이 역기능적인 기분 상태를 유지하는 데 관여한다는 벡의 연구결과에 따라 인지치료에서는 종종 사고를 중요시한다. 물론, 믿음의 변화는 행동이나 정서의 변화를 이끌어 낼 수 있다. 그래서 인지치료에서 사고는 개입의 가장 중요한 부분으로 알려져 있다. 그러나 이러한 점이 인지치료자가 생각(사고)을 정신적인 고통의 필수 원인으로 간주한다는 것을 의미하지는 않는다.

인지치료에 관계된 편견은 치료가 오로지 인지적이라는 것이다.

사실 인지치료자는 정서와 행동에 많은 관심을 기울인다. 인지치료의 고전인 『우울증의 인지치료(*Cognitive Therapy of Depression*)』(Beck, 1979)[1]에서 2장의 제목은 "인지치료에서 정서의 역할"이다. 이 장에서는 인간 경험에서 감정의 중요성과 인지치료에서 치료자가 내담자의 감정을 공감해야 할 필요성에 대해서 언급하고 있다.

더군다나 최근에 벡은 인지치료는 정서 없이 진행될 수 없다고 하였다. 즉, 내담자가 자발적으로 정서를 표현하지 않으면, 치료자는 반드시 정서를 유발할 수 있는 기술을 가져야 한다고 하였다(Beck & Padesky, 1987). 유사하게 인지치료자는 인지치료의 중심에 존재해 왔던 행동패턴의 이해와 변화를 유도하기 위해 행동적인 방법을 이해할 필요가 있다.

인지치료는 단기 치료이기 때문에 일부 비평가들은 인지치료가 단지 표면적이고, 증상의 변화에만 초점을 맞춘다고 종종 비난한다. 이 책을 통해 보이는 다양한 사례들처럼, 인지치료는 몇 가지 수준에서 작동한다. 내담자의 삶의 문제 중 지금-여기(here-and-now)의 문제를 강조한다. 인지치료자들의 목표는 고통의 원천과 현재의 문제를 해결하는 방법을 내담자에게 교육하는 것이다. 이것을 성취하기 위해 치료자들은 표면의 주제를 고집하기보다는 문제의 핵심을 보려고 노력하여야 한다. 이 책의 7장에 실린 사례는 이 과정을 예시하고 있다.

1) 역자 주: *Cognitive Therapy of Depression* 은 국내에서 『우울증의 인지치료』(원호택 외 공역, 1996, 학지사)로 번역되어 출간되었음.

치료자는 변화를 위해 세 가지 인지적 수준에서 작업을 한다. 가장 접근하기 쉬운 '표면'의 생각을 자동적 사고라고 한다. 이것은 특수한 상황에서 사람들이 순간적으로 가지게 되는 사고—생각, 믿음, 이미지—다(예: '나의 남편이 늦는다. 그는 나의 기분을 고려하지 않는다.'는 생각이나 나의 남편이 동업자들과 웃는 이미지가 순간적으로 스쳐 지나감). 조금 더 깊은 수준은 조건화된 규칙과 흔히 기저 가정들이라고 불리는 상황에 통용되는(cross-situational) 믿음이다. 이런 규칙은 자신의 지각을 조직화하는 데 도움을 주고 자동적 사고의 뿌리가 된다(예: '나는 나를 위해 저 남자에 의존하면 안 된다.'). 마지막으로 잘 바뀌지 않고 비조건화된 믿음인 도식(schema)이라고 불리는 가장 기본적이고 핵심적인 믿음이다(예: '나는 항상 혼자일 것이다.').

사고의 세 가지 수준은 상호 관련이 되어 있다. 인지치료는 세 가지 수준 모두에서 효과적인 변화를 목표로 한다. 자동적 사고는 쉽게 변화 가능하고 검증할 수 있기 때문에 치료자들은 치료의 초기에 이 수준에서 작업을 시작한다. 내담자는 4장에 언급되어 있는 자동적 사고 기록지를 이용하여 이런 사고들을 검증하는 법을 배운다. 내담자가 쉽게 자동적 사고를 파악하고 검증할 수 있기 시작하면, 치료자는 내담자에게 자주 발생하는 자동적 사고를 일으키는 기저 가정을 파악하는 데 도움을 준다. 이런 가정들은 서면으로 검증할 수도 있고 좀 더 이상적으로는 행동실험을 통해 검증할 수 있다(예: "남편이 당신을 위해 그곳에 있었는지 물어보세요. 그리고 그가 당신이 원하는 것을 따르는지를 살펴보세요."). 마지막으로 도식을 검증하고 변화를 시도한다. 성격장애를 가진 내담자라면 일차적으로 도식이 주요 초점이 될 수 있다(6장 참조).

인지치료의 과정은 '경험적 협력주의'로 묘사되어 왔다(Beck et al., 1979). 치료자와 내담자가 동료 의식을 가지고 함께 내담자의 문제를 이해하고 해결하기 때문에 협력주의라고 묘사되어 온 것이다. 경험적이라는 말은 원래의 믿음과 대안적인 믿음에 대한 타당한 증거와 부합되는 증거를 모으기 위한 과정을 언급한다.

인지치료의 이론적인 근간은 현상학, 구조주의 이론, 인지심리학을 포함한 다양한 접근을 통해서 형성되었다. 현상학적 접근에 따르면, 자신과 개인적인 세계관에 대한 개인의 견해가 행동 결정의 핵심이라고 규정한다. 반면에 구조주의적 이론은 일차 및 이차 사고과정의 분리에 강조점을 둔 인지과정의 계층적 구조라는 개념을 강조한다. 두 이론을 통합하여 인지심리학은 정보처리와 행동변화에 인지의 중요성을 강조한다.

인지치료는 1960년대 초기 우울증에 대한 벡의 연구결과(Beck, 1963, 1964, 1967/1972)에 따라 시작되었다. 벡의 연구는 자신 내부로 향하는 분노의 결과로서 우울증이라는 프로이트의 이론을 검증하기 위한 시도로 출발하였다. 이 이론을 입증하기 위한 노력으로, 벡은 우울증 환자들을 임상적으로 관찰하였고 그들의 꿈과 생각의 내용을 전통적인 정신분석 원리에 입각하여 분석하였다. 벡은 그들의 생각과 꿈에서 반전된 분노보다는 우울증이 있는 개인의 인지적 과정에서 부정적인 오류를 관찰하였다. 여러 번의 임상적인 연구와 실험을 통해 벡은 정서장애의 인지이론을 발전시켰다(Beck, 1976). 그리고 우울증의 인지 모델의 윤곽을 그리게 되었다(Beck et al., 1979).

초기 저자들의 다수 작업에 의해 인지치료가 발전하게 되었다. 가장 영향력 있었던 치료자 중 한 명은 켈리(G. A. Kelly)였다. 그는 행동변화와 연관된 개인적 구성물과 믿음의 모델을 발전시켰다. 켈리는 세상을 해석하거나 구성하는 개인적인 방법으로써 구성을 정의 내렸다(Kelly, 1955). 그는 개인이 이런 특별한 구성물에 대한 의미와 구조를 어떻게 구성하는가에 대한 관찰에 집중하였다(Kelly. 1955). 켈리의 작업에 이어서, 아놀드(M. Arnold)와 라자러스(R. Lazarus)가 감정의 인지이론을 제안하였다(Arnold, 1960; Lazarus, 1966). 이들은 인지의 변화가 일차적으로 정서와 행동 변화의 원천이라고 하였다.

합리적 정서치료(RET)의 선구자인 엘리스(Elliis, 1962)는 인지치료의 원리를 지지하였으며, 요즈음 인지행동적 치료라고 알려지고 있는 여러 치료방법이 발전되는 원동력이 되었다. 합리적 정서치료와 인지치료는 둘 다 각 개인이 이해하는 양식을 채용하고 있으며, 개인의 생각과 행동에 대해 조절력을 가지고 있다고 엘리스는 주장한다. 두 접근은 이해하는 양식을 만들어 내는 기정의 가정들을 치료 개입의 목표로 본다. 두 접근에서는 치료자가 환자의 인지와 믿음의 특수한 내용물을 얻기 위해 작업을 한다. 환자는 역기능적 인지가 발생하거나, 감정이 영향을 받는 순간 역기능적인 인지를 파악하고 자세하게 보고하는 방법을 배운다.

엘리스(Elliis, 1973, 1980)에 따르면, 합리적 정서치료자의 역할은 내담자가 비합리적인 믿음을 가졌다는 것을 내담자에게 설득하면서 세상에 보다 잘 적응할 수 있는 철학을 가르치는 것이라고 하였다. 반대로 벡은 치료자가 내담자와 협력을 유지해 나가면서 내담자는 믿음의 타당성을 확인하고, 인지를 평가하는 것을 배우는 과정이라고 제안하였다(Beck, Kovacs, & Weisman, 1979). 치료자로부터가 아닌 스스로의 통찰에 기인한 변화를 통해서만 내담자가 자신의 생각을 쉽게 바꿀 수 있다는 가정 때문에 벡의 접근은 협력주의를 강조한다.

예를 들어, 한 내담자가 '만약 수잔이 내가 하는 모든 것들을 승인하지 않으면, 그녀는 나를 떠날 것이다.' 라는 믿음을 가지고 있다. 이 내담자에게 합리적 정서치료 방식으로 접근한다면, 치료자는 그 믿음에 도전하는 것에 대부분을 할애할 것이다. 치료자는 아마 "무엇이 수잔에 대하여 그렇게 극단적인 판단을 하게 만듭니까? 당신은 마치 그녀가 당신에 관한 모든 것을 사랑하지 않으면 끔찍하다는 것처럼 행동하고 있습니다. 그것은 터무니없는 생각입니다. 세상의 어느 누구도 모든 것을 사랑하지 않습니다." 라고 할 것이다. 반면, 똑같은 내담자에게 인지치료적으로 접근하면 다음과 같다. "나는 믿음이 당신을 어떻게 당황스럽게 하는지 볼 수 있습니다. 그것을 검증해 보고 맞는지 살펴봅시다. 수잔은 당신이 해 왔던 것들을 사랑하지 않은 적이 있나요? 만약 있었다면, 그때마다 그녀는 당신을 떠났습니까? 대신 당신은 무엇을 했습니까? 전적으로 부정적인 결과였습니까? 아니면 이런 경험으로 이득이 되는 점들은 없었나요?"

인지치료에서 치료자와 내담자 사이의 협력적인 관계는 내담자가 자신의 역기능적인 생각을 확인하고 검증하는 것을 배우는 과정을 시작할 수 있도록 재판장을 제공한다. 치료의 목표는 현재의 역기능적인 믿음을 변화시키는 것뿐 아니라, 내담자에게 미래의 다른 믿음을 평가할 수 있는 방법을 가르치는 것에 있다.

또한 상당수의 동시대 행동치료자들은 인지치료의 발전과 성장에 영향을 미쳤다. 새로운 행동양식의 개념화(관찰 학습)를 포함한 사회학습이론을 주창한 반두라(A. Bandura)도 인지적 모델에 기여하였으며, 참가자적 모델링 활동에 대하여 안내를 제공하였다(Bandura, 1977). 이 이론은 행동치료에서 인지영역으로의 전환을 촉진시켰다. 마호네이(M. J. Mahoney)의 행동에 대한 인지조절의 초기 연구 작업과 미켄바움(D. Meichenbaum)의 인지적 행동 수정의 연구도 역시 중요한 이론적인 공헌을 하였다(Mahoney, 1974; Meichenbaum, 1977).

처음에 인지치료는 우울증을 치료하는 하나의 방법으로 재인식되었다(Beck, 1970, 1976). 연구는 단극성 우울증 사례에 효과성과 모델의 경험적인 증거를 제시하였다(Beck & Rush, 1978). 그리고 인지치료와 항우울제 처방을 비교한 연구가 시행되었다(Beck, 1986; Hollon et al., 1985; Murphy, Simmons, Wetzel, & Lustman, 1984). 몇몇의 결과 비교에서 인지치료는 항우울제 처방과 효과 면에서는 동등성을 보였다. 좀 더 인상적인 결과는 러시(A. J. Rush) 등이 시행한 이중 맹검 연구에서, 우울증에서 인지치료가 약물치료보다 더 효과적으로 나타난 것이었다(Rush, Beck, Kovacs, & Hollon, 1977). 코박(M. Kovacs) 등이 시행한 연구도 인지치료가 약물치료보다 재발률이 낮았다고 보고하였다(Kovacs, Rush, Beck, & Hollon, 1981). 다른 연구들도 이러한 결과를 지지하고 있다(Blackburn, Bishop, Glen, Wholley, & Christie, 1981; Murphy et al., 1984).

우울증에 대한 연구의 뚜렷한 결과로서, 자살 환자들의 치료에 대한 개념도 주목을 받기 시작하였다(Beck, Schuyler, & Herman, 1974; Freeman & White, 1989). 벡과 그의 동료들의 주요한 연구결과는 무망감이 자살의도와 시행의 핵심적인 요소라는 것이다. 연구결과, 벡은 '벡 우울 설문지'(Beck, Ward, Mendelson, Mock, & Erbaugh, 1961) '자살사고 척도'(Beck et al., 1979) '자살의도 척도'(Beck et al., 1974) '무망감 척도'(Beck, Weisman, Lester, & Trexler, 1974) 등과 같이 우울과 자살성향에 대한 다수의 평가척도를 만들었다(Beck et al., 1961).

인지치료는 불안장애에 대해서도 연구와 관심을 쏟고 있다(Beck & Emery, 1979; Beck, Emery, & Greenberg, 1985; Beck, Epstein, Brown, & Steer, 1985; Beck, Laude, & Bohnert, 1974; Dattilio, 1987, 1988, 1990b; Ottaviani & Beck, 1987). 성격장애들(Beck et al., 1990; Pretzer & Fleming, 1989) 그리고 2장에서 좀 더 자세하게 언급될 부부 문제(Baucom & Epsein, 1990; Beck, 1988; Dattilio, 1989a, 1989b; Epstein, 1986; Schlesinger & Epstein, 1986)에도 역시 연구와 관심을 쏟고 있다.

철학과 이론

인지치료가 전통적인 치료에 어느 정도 기원을 두고는 있지만, 정신역동, 행동주의, 신경정신과적 방법과는 이론적 차이가 있다. 인지치료는 개인이 자신과 세상, 미래를 어떠한 방식으로 생각하고 지각하는지가 중요하며, 개인이 느끼고 행동하는 것에 그 지각과 생각이 직접적인 영향을 준다는 것을 강조한다. 벡의 우울증의 인지 모델에서는 자신, 세상 그리고 미래의 관점을 '인지 삼제'라고 처음으로 소개하였다(Beck, 1976; Beck et al., 1979).

생물학적 요인, 환경적 요인과 더불어 인지치료는 성격이 핵심 믿음 또는 상위 도식(schemas)에 따라 결정된다고 본다. 도식은 개인적인 경험, 부모와 사회의 영향에 따른 결과로 어린 시절에 발생한다. 도식은 성장하는 동안 경험을 평가하고, 분류하고, 부호화하기 위한 기초를 구성하고 있다.

정신적인 문제는 잘못된 학습, 불충분하거나 부정확한 정보를 기초로 한 잘못된 추론, 상상과 현실을 충분히 구분하지 못하는 것과 같은 공통된 기전을 뿌리로 하여 지각된 것이다(Kovacs & Beck, 1979). 개인은 종종 잘못된 가정을 기초로 하여 지나치게 완고한 절대적인 규칙과 기준을 형성한다. 그런 기준은 어떻게 자신들의 경험을 지각하고 개념화하는지를 결정하는 생각의 복잡한 유형이나 도식으로부터 유래된다. 이런 도식이나 생각의 유형은 종종 환경적인 정보가 없을지라도 종종 발현된다. 예상된 개념을 지지하거나 강화하기 위해서 입력된 정보를 변형시키는 기전으로 발현되기도 한다(Beck & Emery, 1979). 예를 들면, '나는 실패할 운명이다.'라는 도식을 가진 한 남자는 비록 긍정적이고 중립적이라 할지라도 어떤 일에 대한 평가에서 부정적인 부분을 읽을 수 있다.

경험의 왜곡은 정보처리 과정에 특징적인 오류가 작동함으로써 유지된다. 벡은 여러 개의 불합리적 생각이 심리적 장애를 지속시키는 피드백 회로(loops)에 영향을 미친다고 말하였다(Beck, 1979). 예를 들면, 인지오류라고 불리는 추론에서 체계적인 그릇된 생각(systematic errors)이 정신적 어려움을 겪는 시기에 존재한다고 주장하였다. 이것들은 다음을 포함한다. 지레짐작, 선택적 추상, 흑백논리, 명명하기와 잘못된 명명, 터널 시야, 편견에 찬 설명, 독심술 등이다. 이런 용어들은 4장에서 좀 더 자세하게 설명할 것이다.

인지치료 과정의 한 가지 목적은 내담자들의 인지오류를 해결하도록 도와주고, 협력적으로 그들의 경험을 좀 더 균형적인 방법으로 평가하게 하는 것이다. 추론의 오류를 파악하고, 현실에 반하는 오류를 시험해 보기 위해 고안된 치료적 기법은 다양하다. 이러한 여러 방법을 배우는 것은 개인에게 인지를 발생시키는 왜곡되고 역기능적인 믿음(도식)을 교정하도록 돕는 과정이다. 기본적으로 개인은 자신이 결코 잘못이 없다고 믿어 왔던 잘못된 생각을 교정하는 것을 배우게 된다. 이것은 역기능적인 믿음을 기반으로 조성된 예상(prediction)을 파악하고, 추가적인 증거를 모아서 그 믿음을 시험함으로써 이루어질 수 있다. 치료자는 내담자가 대안적인 설명과 역기능적인 믿음의 타당성을 비교하도록 도와야 한다. 중요한 점은 협동적으로 개인을 격려하여, 자신의 전체적인 사고 양식에 대안적인 반응을 채택함으로써 생활 사건을 새롭게 보도록 하는 것이다. 관계에 대한 이런 기법의 적용은 2장에서 자세하게 언급되어 있다.

2 부부를 위한 인지치료

간략한 역사와 개관

부부를 위한 인지치료는 부부치료에 관한 다른 접근방법과 비교해 볼 때 아직도 걸음마 단계에 있다. 부부치료에 대한 인지적 접근은 결혼치료(Marital therapy)에 행동 이론을 적용하는 것으로부터 발전되어 왔다. 이러한 적용의 효과성에 대해 추가적 연구가 진행되어 왔다. 행동적 결혼치료의 발달 이래로 많은 혁신적인 변화가 있었다. 행동적 치료 접근법의 초기 도입은 상호 교환 이론(social exchange theory)과 부부들을 위한 유관성 계약(contingency contracting)을 강조하였다(Bandura, 1977; Jacobson & Margolin, 1979; Liberman, 1970; Liberman, Wheeler, & Sanders, 1976; Patterson & Hops, 1972; Stuart, 1969, 1979).

스튜어트(R. B. Stuart)의 이론은 행동적 접근법 중에서 좀 더 전반적이고 대중적인 것 중 하나다. 스튜어트는 관계변화를 유발하기 위한 가장 효과적인 방법은 부부 각각이 긍정적인 행동을 교환시키는 비율을 증가시키는 것이라고 생각하였다. 그는 '관심 갖는 날(caring days)' 이라고 불리는 기술을 사용하였는데, 이것은 부부 각각에게 그들의 치료목표를 성취하는 데 도움을 준다. 스튜어트의 접근법은 행동적 계약과 의사소통 훈련 같은 항목으로 구성되어 있는 8단계 프로그램을 포함한다. 행동학적 기법은 효과적이기는 하지만, 때로는 부부의 개인적 태도와 인지를 변화시키는 데 실패하기도 한다(Patterson, 1986). 행동적 결혼치료의 한계는 내담자와 그들의 배우자에 대하여 개인의 사고 양식을 강조하지 않는 부분이다. 인지치료는 행동변화를 위한 필요성을 여전히 인정하지만, 배우자의 사고 과정과 믿음 체계를 아주 중요하게 생각한다는 점에서 행동적 접근법과 차이를 보인다.

행동적 부부치료에 인지적 요소의 추가는 마르고린(G. Margolin)과 웨이스(R. L. Weiss)가 수행하였던 초기의 연구 결과에 따라 발달하게 되었다(Margolin & Weiss, 1978). 이 연구는 단순히 행동적 결혼치료를 실시한 군과 인지 재구조화 기법에 행동적 결혼 치료를 추가한 군을 비교하였다. 그 결과 이 연구의 저자들은 인지 재구조화 요소를 포함하는 치료가 여러 측정치에서 단독으로 행해지는 행동적 결혼치료보다 효과적이라는 것을 발견하였다. 그 이후 십 년의 연구 동안 인지적 기법은 부부치료 문헌에서 주요한 관심사가 되어 왔다(Baucom, 1981; Baucom & Epstein, 1990; Beck, 1988; Dattilio, 1989, 1990a; Doherty, 1981; Fincham & O'Leary, 1983; Holtzworth-Munroe &

Jacobson, 1985; Margolin, 1983; Margolin, Christensen, & Weiss, 1975; Revenstorf, 1984; Schindler & Vollmer, 1984; Weiss, 1980, 1984). 이 책의 의도는 임상적 개입에 초점을 두는 것이기에 문헌에 관심 있는 독자들은 특별히 부부 인지치료에서 인지, 애정과 행동에 관련한 개략적인 재검토가 되어 있는 바콤(D. H. Baucom)과 에버스틴(N. Epstein)의 연구(1990)를 참조하기 바란다.

엘리스(A. Ellis)는 부부들을 대상으로 인지적 접근법을 현저하게 적용한 최초의 연구자들 중 한 명이다(Elliis, 1977). 1960년대에 엘리스는 자신이 개발한 합리적 정서치료법에 근거하여 배우자들이 결혼에 대하여 비현실적인 기대감을 유지할 때 결혼생활의 역기능이 발생하고, 그들이 만족하지 않을 때 극단적인 부정적 평가를 내리게 된다고 주장한다. 그는 관계에서 혼란된 정서와 행동이 단순히 한 배우자의 잘못된 행동이나 다른 부정적 사건 때문에 야기되는 것이 아니라, 배우자가 서로의 행동과 인생의 거친 난관을 어떤 관점으로 보는가에 따라 결정된다고 주장한다(Ellis, Sichel, Yeager, DiMattia, & Digiuseppe, 1989). 합리적 정서이론은 생각, 감정, 행동이 꽤 상호작용적이고, 이런 과정은 각각 다른 둘에게 지속적으로 영향을 미친다고 가정한다. 엘리스는 안정되지 못한 결혼생활은 한 명 혹은 두 명의 배우자들이 비이성적—매우 과장되고, 부적절하게 엄격하고, 비논리적이고, 절대적—인 믿음을 가지고 있을 때 야기된다고 주장하였다. 비이성적인 생각의 영향으로 상대방이 믿음을 어기는 존재로 인식될 때, 비현실적이고 요구 수준이 높은 기대감은 실망과 좌절을 만들어 낸다. 그다음에는 이런 반응들이 혼란의 악순환에 기여하는 부정적인 감정을 일으킨다.

합리적 정서치료는 부부의 비이성적인 믿음의 타당성에 도전하여 부부 각자에게 결점을 가진 자신들의 생각을 좀 더 스스로와 상대방에 대한 현실적인 생각으로 대체할 수 있도록 교육한다.

부부 인지치료는 행동치료를 통해 소개된 많은 전략과 더불어 정신역동학적 치료요법으로부터 많은 통찰을 결합하였다는 점에서 합리적 정서치료와 차이가 있다. 통합적인 접근법은 전반적인 생각 양식, 관계에 대한 기저의 믿음, 배우자와 현재 상호작용의 성질을 포함한 특정한 개념이 인지적 구조 안에서 결합된다.

합리적 정서치료와 부부 인지치료는 공통적으로 각 배우자가 가진 믿음(자신, 관계)을 지지하거나 반박하는 증거를 검증해 보는 과정을 기본 목표로 한다. 부부 인지치료에서는 치료자와 배우자 사이에 협력이 강조된다. 이 협력은 그런 공동의 노력이 내담자의 저항을 줄여 주어, 부부가 치료적 환경을 벗어나서도 대처기술을 적용할 수 있다는 철학에 근거한다. 관계의 친밀함에 대해 부부가 가진 믿음의 현실성을 검증해 보는 데 많은 시간을 들인다. 반면에 합리적 정서치료는 더 직접적인 방식으로 지각된 사건에 대하여 배우자에 대한 평가적 신념의 변화를 촉진한다.

인지적 조류의 영향으로 심리치료과정 속에 부부가 가진 상대방에 대한 인지를 변화시키는 과정을 포함하여야 할 필요성이 있다는 것은 정말 논리적으로 보인다. 행동변화 단독으로는 일상에서 부부들이 종종 경험하는 강렬한 역기능적인 상호작용 유형의 지속화를 해결하기에는 불충분하다고 생각된다. 그러므로 좀 더 생산적인 관계를 향한 재구조화를 촉진하기 위해서 각 배우자의 믿음 구조를 언급하는 것이 부부 인지치료의 목표다.

부부 인지치료에는 주요한 세 가지 영역이 있다. (a) 관계 속에서 비현실적인 기대감의 수정, (b) 관계 내 상호작용에서 잘못된 귀인의 수정, (c) 파괴적인 상호작용을 감소시키기 위해 자가 교육적 절차의 사용이다. 부부치료에서 인지치료자의 주요한 관심 중 하나는 배우자의 도식이나 관계에 대한 일반적인 믿음을 확인하는 것이고, 좀 더 상세하게는 자신들의 관계에 대한 그들의 생각을 확인하는 것이다(Beck, 1988; Epstein, 1986).

부부 상호작용의 관계와 성질에 대한 기본적인 믿음은 종종 어린 시절에 부모, 지역 문화적인 관습, 매체, 경험과 같은 주요한 원천으로부터 습득된다. 이런 도식과 관계에 대한 역기능적인 믿음은 개인의 마음속에서 종종 명백하게 떠오르지 않는다. 아마 마땅히 존재해야 하는 모호한 개념으로서 존재하는 것 같다(Beck, 1988). 그러나 이런 믿음은 개인의 자동적 사고의 논리와 공통된 주제로부터 유추될 수 있다.

부부와 함께 작업하는 인지치료자는 친밀한 관계의 본질에 대한 각 배우자의 기대감에 동등한 초점을 맞춰야만 한다. 게다가 이런 기대감으로부터 발생된 경험을 평가하는 과정에서 인지오류는 결정적으로 중요한 역할을 한다. 예를 들면, 아내가 모든 사람에게 관심이 있다고 믿는 남편은 아마도 아내가 다른 사람을 쳐다보는 것을 그만두기를 기대할 것이다.

자동적 사고를 통하여 인지치료자는 관계에 대한 비현실적인 기대감이 만족을 감소시키고 역기능적인 반응을 유발시킬 수 있다는 것을 알 수 있다. 예를 들면, 많은 부부들은 사랑은 두 사람 사이에서 동시에 일어나고 추가의 노력 없이도 영원히 지속될 것이라는 믿음을 가지고 관계 속에 들어온다. 결과적으로 관계를 유지하기 위해 많은 어려움이 필요하다는 것을 깨닫고 나면서부터 부부는 만족감이 감소하였다는 것을 경험할 것이다. 이런 예상은 또한 '우리는 아마 시작부터 서로에게 맞지 않았어.' 라는 부정확한 평가를 이끌어 낼 수도 있다. 에버스틴과 에델손(R. J. Eidelson)은 친밀한 관계에 대한 비현실적인 믿음에 관한 집착이 관계에 대한 불만 수준의 지표가 됨을 발견하였다(Epstein & Eidelson, 1981). 그러므로 인지적인 내용은 관계 갈등에 역기능적인 반응을 설명하는 데 매우 중요하다.

부부가 보고하는 자동적 사고에서 인지오류가 명백해지면, 체계적인 소크라테스식 질문을 통해 배우자가 하나의 특정한 사건에 부여한 의미를 밝혀낼 수 있다. 상호작용에 대한 배우자의 자동적 사고는 흔히 그들 사이에 발생한 기쁘고 불쾌한 사건의 원인에 대한 추측을 포함한다.

벡은 『사랑만으로는 살 수 없다(*Love Is Never Enough*)』(Beck, 1988)라는 책에서 관계에 관한 자동적 사고에서 자주 발생하는 여러 가지 정보처리 과정의 체계적인 오류를 묘사하였다. 예를 들면, '그는 나를 항상 끽 소리도 못하게 해.' 라는 생각은 배우자의 한결 같은 행동의 명확한 증거라기보다는 일반화의 예가 될 가능성이 더 높다. 또 다른 예로 구체적인 증거가 없음에도 '그녀는 나를 바보로 생각해.' 라는 생각은 임의적 추론이 될 수도 있다.

부부 인지치료는 관계부조화의 구성요소, 그리고 관계에서 각각의 배우자의 주관적인 불만족에 기여하는 것으로 파악되는 인지에 초점을 맞춘다(Schlesinger & Epstein, 1986). 이런 접근법은 초기 어린 시절 마음의 상처를 강조하기보다, 숨어 있기는 하지만 명백한 지금-여기의 문제에 초점을 맞춤으로써 관계에 대한 어려움의 핵심으로 이동한다. 예를 들면, 아내는 남편을 향하여 폭발적인 분노를 보인다. 만약에 남편이 그런 강렬한 분노를 유발시키지 않았다면, 그녀는 아마 자신의 분노가 다른 의미를 가진다는 것을 발견했을지도 모른다. 그 여자의 분노는 무력감이 선행된 것이었다. 사실 그녀는 차에서 갇혔을 때 엄마에게 들리도록 소리를 지르는 어린아이로서 자신의 이미지를 가졌다. 일단 치료를 통해 그녀가 소리치지 않는다면 들리지 않을 것이라는 기저에 깔린 두려움을 확인하도록 돕고 난 후에, 그녀는 남편에게 자신의 감정을 표현하는 대안적인 방법을 탐색하기 시작할 수 있었다.

인지 모델에서 관계 변화의 문제를 말할 때 필수적인 여러 가지 주요한 초점 영역이 있다. 이것들은 다음에 상세하게 요약되어 있다.

관계에 대한 믿음

어떤 관계에서든 기본이 되는 믿음은 개인의 자동적 사고와 행동에 따른 토대가 된다. 이런 사고와 행동을 이해하기 위해서 치료자는 기본이 되는 믿음 체계를 밝히고, 각각의 배우자가 부부관계와 일반적 관계에서 서로의 역할을 어떻게 평가하는지에 대해 명백하게 이해하여야 한다. 파괴적인 분노로 반응했던 아내의 예에서, 초기의 어린 시절 마음의 상처에 집중하기보다는 숨어 있기는 하지만 명백한 지금-여기의 문제를 강조하였다. 그녀의 분노 밑바닥에는 취약함과 무력감이 숨어 있었다. 이런 기본적인 도식을 밝힘으로써, 치료자는 남편을 말로 공격하지 않으면서도 그녀가 관계에 어느 정도의 조절감을 공유하고 그녀의 말이 소통될 수 있는 방법을 명확히 하는 것을 도울 수 있었다. 이런 기저의 주제를 밝힘으로써 그녀는 실제로 그렇지 않을 때라도 많은 관계에서 이용당하고 강요당하는 것으로 생각해 왔던 것을 추가로 인지할 수 있었다. 자신이 무력하고 철부지 같다는 그녀의 평가는 분노가 치밀고 나서야 자신의 요구를 주장할 수 있게 만들었다. 자신의 요구를 좀 더 꾸준하게 주장하고 자신의 분노를 남편이 경청할 수 있는 방법으로 표현하는 것을 배움으로써, 그녀는 줄어든 분노감과 관계 속에서 더 충만함을 느낄 수 있었다.

인지적 접근법의 상당 부분은 부부의 기본적인 믿음을 찾아낸 후, 중요한 원칙을 재정의하고 믿음 체계를 재구조화하는 과정을 포함한다. 필요한 재구조화의 정도는 다양하지만, 부부가 함께 있는 자리에서 각 배우자와 함께하는 재구조화 과정이 추천된다. 치료과정 중에 믿음을 검증하고 재구조화하는 것을 목격함으로써 각 배우자는 후반부에 좀 더 서로를 이해하여 지지를 제공해 줄 수 있게 된다. 이 기술은 7장에서 제시된 사례 연구에서 다루어질 것이다. 관계에 대한 기본적인 믿음은 부부간의 변화를 이끌어 내기 위해서 매우 중요하다. 따라서 치료자가 개인들에게 관계에 대한 그들의 관점을 변화시키는 것을 가르치는 첫 단계는 기본적인 믿음 체계를 밝히는 과정이 된다.

대안적인 믿음과 왜곡된 믿음

부부와 함께 작업을 할 때 사고가 균형 잡혔는지 왜곡되었는지에 대하여 의견이 일치되지 않는 경우가 종종 있을 수 있다. 인지치료에서 균형 잡힌 믿음이란 것은 입증하거나 옹호하는 증거가 뒷받침되는 믿음을 뜻한다. 이것들은 개인적인 편견 혹은 오해 때문에 둘둘 감기어지지 않는 믿음이다. 반면에 왜곡된 믿음은 잘못된 정보나 불완전한 생각에 근거하고 있으며, 보통 상황적 증거를 기반으로 한다. 왜곡된 믿음의 흔한 예는 '모든 남자는 똑같아.'라는 진술이다. 관계의 맥락에서 이 관점은 부정적인 의미를 내포하고 '과잉일반화' 라고 불리는 인지오류다. 모든 상황에서 이 믿음이 적용된다면, 그런 믿음은 왜곡된 사고를 대표한다. 또 다른 예는 '나는 좋은 남편이 되기 위해서 아내가 모든 어려움을 해결하도록 도와주어야만 해.'라고 믿는 남편이 될 수 있다. 이것이 확고부동하게 지속될 때 다시 왜곡된 믿음을 낳게 된다.

이런 믿음에 대한 대안적인 믿음은 보통 현 상황을 포함해 많은 부분을 설명할 수 있어야 한다. 예를 들면, '모든 남자는 똑같아.' 라는 믿음보다 더 균형적인 견해는 '모든 남자는 많은 면에서 똑같아. 하지만 각 개인은 또한 독특해.' 가 될 것이다. '나는 좋은 남편이 되기 위해서 아내가 모든 어려움을 해결하도록 도와주어야만 해.'라는 진술의 예에서 더 균형 잡히고 대안적인 진술은 '그녀가 나를 필요로 할 때, 내가 할 수 있는 일이 있거나 바로 옆에 있을 때 아내에게 도움을 주는 것이 중요해.'다.

왜곡된 믿음은 종종 관계에서 많은 불화의 토대가 되기에 관계

변화를 안내하기 위해서는 상세하게 다루어져야만 한다. 보통 개인의 흔한 사고과정의 한 부분인 잘못된 생각의 결과로 왜곡된 믿음이 발전하게 된다. 어떻게 그것이 발전되었는지와 상관없이, 치료자의 역할은 존재하는 증거를 고려하도록 도와주고, 합리성을 평가하기 위해 믿음의 기초 위에 만들어진 예상을 검증하는 것에 도움을 주는 것이다. 4장에 더 자세하게 그 과정을 설명한다.

비현실적인 예상

개인이 관계에서 가져오는 예상은 각 부부관계의 주요한 역동을 창조하므로, 어려움에 빠진 부부를 치료하는 대다수의 인지치료자에게 초점이 되어 왔다(Epstein, 1982; Jacobson & Margolin, 1979).

대부분 모든 관계에서 개인은 배우자가 자신을 위해 채워 주기를 원하는 많은 욕구에 대하여 상당한 기대를 가지고 있다. 이런 예상과 기대는 많은 경우 왜곡을 야기하고 비현실적인 요구로 변형된다. 관계에서 어느 정도의 시간 동안 이런 예상이 통용된다. 그러나 이런 예상을 주장하는 것이 구애기간에서는 효과적이었지만, 일정한 시간이 흐른 뒤에는 많은 관계에서 이런 주장들이 주요 문제가 되어 버린다. 벡과 엘리스 등은 비현실적이고 까다로운 예상은 종종 부정적인 상호작용(예를 들면, 적대감, 끈질기게 조름)과 연관되어 실망과 좌절을 피할 수 없게 된다고 주장하였다(Beck, 1988; Elliis et al., 1989). 이런 형태의 일반적인 예는 사랑은 자연스럽게 두 사람 사이에 일어나고 상대방에게 실질적이거나 더 이상의 노력 없이 지속될 것이라는 예상을 가진 채 관계를 시작한 부부들에게 발생한다. 이런 부부들은 문제가 발생될 때 깊은 실망과 상처를 경험한다. 심지어는 이런 어려움이 과거에 관계가 좋았던 적이 없었다는 신호로 파악해 잘못된 결론을 내리기도 한다. 이런 예에서 비현실적인 예상은 평소 배우자 쌍방이 가지고 있을 수 있지만, 다른 견해를 가진 갈등의 순간에 한 배우자로부터 비현실적인 예상이 종종 드러난다.

예를 들면, 아버지가 한 가정의 경제를 책임지는 유일한 사람이었던 환경에서 자란 한 남자는 아내가 가사만 하면서 집 밖에서 일을 하지 않는 것에 만족할 것이라고 예상하였다. 그러나 그의 아내는 부부는 동등한 권리를 가지고 있다고 믿으면서 자랐다. 이러한 차이는 직장을 찾으려는 그녀의 희망 때문에 갈등을 유발하였다. 이런 예상은 어린 시절 관계에 대한 개념화, 배우자의 역할, 개인적 요구로부터 발생하게 된다. 이런 개념화는 부모, 매스미디어, 초기 데이트 경험과 같은 일차적 경험으로부터 유래한다. 이런 개념화는 보통 각각의 배우자가 관계가 어떻게 되기를 원하는지에 대한 개인적인 견해와 합쳐지게 된다.

비현실적인 예상을 언급할 때, 치료자는 배우자 양편의 믿음 체계의 기원을 반드시 다시 언급해야 한다. 치료자는 그들의 인지 도식을 이끌어 내어 먼저 비교를 통해 그들에게 잘못된 믿음을 파악하도록 가르치고, 그 뒤 대안적인 증거에 반하는 그들의 믿음을 시험해 보도록 유도한다. 이것은 보통 한 단계로 동시에 이루어진다. 천천히 진행하여야 하며, 너무 빨리 뒤집으려고 하지 않는 것이 중요하다. 개인은 기저의 믿음 구조에 의지해 왔으며, 그 믿음을 너무 빨리 제거하는 것은 각 배우자에게 저항을 유도할 수 있다.

인과적인 귀인과 잘못된 귀인

인과적인 귀인은 관계에서 '비난의 책임소재 찾기'를 기술하는 기본적인 용어다. 역기능적인 관계의 책임을 서로에게 전가하기 위해 상대방을 거절하고, 분개하고, 화를 낸다. 이런 행위를 통해 가속된 '비난 악순환의 회로(vicious blaming cycle)' 한 가운데에서 배우자들이 치료를 시작하게 되는 것은 아주 흔한 일이다. 결과적으로, 비난을 외현화시키고 문제의 원인을 배우자의 행동에 두는 잘못된 귀인이 발생하게 된다. 만약 부부가 둘 다 완고하여 누구가가 비난을 받아야 하는지를 치료자가 결정하게끔 하는 어리석은 시도를 계속 한다면, 그 부부는 막다른 골목에 서게 된다.

몇몇 저자들(예: Abrahms, 1982)은 두 배우자가 기꺼이 협력하려 하지 않는다면 갈등 해결 혹은 의사소통 훈련이 불가능하다고 믿는다. '협력적인 한 쌍(collaborative set)'이라는 (N. S. Jacobson & G. Margolin이 만듦) 용어는 오직 부부가 그들의 갈등을 상호적으로 평가하고 갈등을 해결하기 위해 공동으로 일함으로써, 갈등이 해결될 가망이 있다는 것을 제시하면서 부부에게 그렇게 행동할 필요성을 지적하기 위해 만들어진 것이다(Jacobson & Margolin, 1979). 이런 자세가 완전히 채택되더라도, 부부는 이후 관계에 발생될 비난의 속성에 대하여 개인적인 생각을 품을 수도 있다. 그러므로 재구조화 과정에서 다른 중요한 단계는 쌍방의 배우자가 관계의 어려움에 대한 책임을 받아들이도록 도와주는 과정을 포함한다. 이 과정은 각각의 배우자가 관계 문제에 가져왔던 인과적 귀인에 대해 토론과 평가를 필요로 한다.

이런 영역(관계에 대한 믿음, 대안적 믿음과 왜곡된 믿음, 비현실적인 예상, 그리고 인과적 귀인과 잘못된 귀인)의 모든 부분이 인지치료 모델에서 목표로 된다. 다음 장에서 더 자세하게 결혼에 역기능적인 이런 기본적인 영역을 변화시키는 과정을 다루면서, 평가와 개입을 위한 중재법에 대해 언급할 것이다.

3 평가

개관

임상 면담을 실시하는 방법에는 여러 가지가 있으며, 임상가는 자신의 독특한 인성에 맞는 방법과 스타일을 선택한다. 하지만 바람직한 임상 평가 수행을 위해서는 개인적 스타일에 관계없이 어떤 특정한 구조와 내용이 요구되는데, 이는 테니스 선수가 자기만의 특별한 타법으로 공을 치되 테니스의 일정 규칙과 기준을 지켜야 하는 것에 비유할 수 있다. 인지적 접근에는 초기 평가 국면에서 따라야 할 세 가지의 필수 단계가 있다. 합동 면담(conjoint interviews), 조사 기록지와 질문지의 실시, 개인 면담이 그것이다. 아주 급박한 위기에 직면한 상황만 아니라면 이 순서는 인지적 접근을 시도할 때 사용되는 표준 절차라고 할 수 있다. 위기의 성질에 따라 이 표준 절차의 순서는 그때의 상황에 따라 변형될 수도 있다(6장 참조).

대부분의 부부치료 접근이 그러하듯이, 첫 회기는 합동 면담을 하는 것이 전형적이다. 합동 면담에서 치료자는 그 부부가 어떻게 상호작용을 하는지에 대한 첫인상을 받으며, 체계이론이 묘사했듯이 '그들의 춤을 배우는 기회'를 갖는다. 이 첫인상은 매우 중요하다. 왜냐하면 현재 그 부부가 가지고 있는 문제의 분위기를 느낄 수 있게 하고, 부부들이 공공연하게 하는 상호작용 속에서 자신들도 쉽게 사용하는 은밀한 유형을 노출시켜 주기 때문이다. 또한 치료자가 그 부부의 치료 적합성에 관한 통찰을 얻게 해 주기도 한다.

면담은 접수 면담을 실시했던 치료자가 계속 치료를 진행하는 것이 이상적이다. 그러나 많은 병원이나 외래 위주의 지역 정신건강센터에는 접수 면담만을 담당하는 담당자가 있다. 가능하면 접수 면담은 실제 치료자가 실시하여 사례에 친숙해지고 효과적인 라포 구축을 시작할 수 있도록 해야 한다. 이때 내담 부부에게도 초기 몇 회기 동안은 문제의 정의와 관계의 평가를 주로 하며 치료에 진전이 있을 때까지는 즉각적인 변화를 기대해서 안 된다는 것을 알려주어야 한다. 이렇게 하면 한쪽이나 양쪽 배우자가 치료에 대해 지니고 있는 비현실적인 기대를 감소시키거나, 아니면 적어도 그러한 기대가 드러나게 하는 데 도움이 될 수 있다.

합동 면담

첫 면담은 합동 면담으로서 그 부부가 어떤 상황에서 어떻게 만났는지, 함께 살고 있는지, 동거나 결혼생활을 한 지 얼마나 되었는지, 과거 결혼 경험이 있는지, 혹은 오래된 관계인지, 현재 결혼과 이전 관계에서 얻은 자녀의 수와 연령은 어떤지, 그리고 현재 드러나고 있는 문제의 간략한 역사 등에 관한 배경 정보를 수집하는 데 초점을 맞추어 진행한다. 필라델피아 인지치료센터에서는 치료의 시작에 사용되는 특수한 기록지를 개발하기도 하였다('임상의를 위한 부부 평가 기록지', pp.68-72). 면접이 진행될수록 추가적인 정보가 모인다.

내담한 부부는 자신들의 관계 역동을 이해하는 데 결정적일 수 있는 정보의 제공을 알면서든 모르면서든 종종 보류한다. 여러 가지 이유로 이 정보는 이후 치료과정 동안에 표면으로 떠오르기도 한다. 그러한 정보는 그때서야 비로소 관계의 개념화에 통합될 수 있다. 그렇기 때문에 정보수집의 과정은 첫 3회기가 지났다고 해서 중단되어서는 안 된다. 치료자는 부부에게 "두 분의 관계가 지니고 있는 문제를 제가 이해하는 데 도움을 얻기 위해서, 그게 무엇이든 제가 알아야 할 것들이 더 있는지요?"라고 질문을 할 수도 있다. 배경 정보는 기본적인 것이므로 충분한 주의를 기울여야 한다. 그러한 배경 정보는 치료자로 하여금 두 배우자가 자신들의 관계를 어떤 태도로 관찰하고 있으며, 그들의 갈등 과정을 어떤 시선으로 바라보는지에 대한 초기 개념화를 명확히 할 수 있게 해 준다.

조사 기록지와 질문지

접수 과정은 시간적으로 제한되어 있기 때문에, 관계에 대한 태도와 믿음을 평가하고 변화시키기 위해 고안된 몇 가지 조사 기록지와 질문지를 사용할 수 있다. 이러한 기록지와 질문지는 특히 역기능적 사고, 의사소통 문제, 기분을 상하게 하는 행동과 유쾌하게 만드는 행동 등을 밝혀내는 것을 목표로 하고 있다. 이러한 도구는 또한 부부에게 갈등의 구체적인 영역을 정확히 지적해 내도록 해 주고, 합동 면담에서는 내키지 않거나 당황스러워서 언급하지 못했던 부가 정보를 언급할 수 있게 해 준다.

인지치료자들이 널리 사용하는 구체적인 조사 기록지에는 다음과 같은 것들이 포함되어 있다.

*결혼태도 질문지-개정판(Marital Attitude Questionnaire-Revised; Pretzer, Fleming, & Epstein, 1983)

이 질문지는 결혼태도 질문지에서 유래된 것으로, 각 배우자가 그들의 관계에서 경험하는 여러 어려움을 어떻게 보고 있는지를 측정하기 위해 고안된 74개의 진술문으로 이루어져 있다. 이 진술문에는 '우리 사이가 좋지 못할 때면 나는 배우자가 나를 사랑하는 것인지 의심이 든다.' '직장에서의 스트레스가 우리 사이에 영향을 미친다.' 라는 식의 서술문들이 포함되어 있다. 이 진술문들은 5점 척도로 응답하게 되어 있다. 척도의 1점은 '완전한 사실이다.', 5점은 '완전히 거짓이다.'를 의미한다. 각 문항의 점수는 합산되어 총점이 산출된다.

*결혼적응 척도(Dyadic Adjustment Scale: DAS; Spainer, 1976)

이 척도는 부부관계에서의 적응을 측정하는 자기보고식 조사 기록지다. 가사, 재정, 오락, 친구, 종교, 의사결정 등의 영역에 걸쳐 제시되는 문항에 대해 각 배우자가 동의한다거나 동의하지 않는다고 보고하는 정도를 측정하는 13개의 의견일치도 파악 문항으로 이루어져 있다. 이 도구는 부부의 총체적 불행을 측정하며, 관계 적응의 상호 연관된 측면에 대해 하나의 총점을 산출할 수 있게 해 준다.

*결혼행복 척도(Marital Happiness Scale: MHS; Azrin, Naster, & Jones, 1973)

행복의 정도가 11개의 영역(예: 자녀양육, 재정, 의사소통 등)에 걸쳐 평가된다. 배우자들은 자신들의 관계에서 각 영역을 스스로 어떻게 보는지에 따라 '전적으로 불행하다.' 에서부터 '전적으로 행복하다.' 까지를 포함하는 10점 척도로 평가하도록 되어 있다. 이 조사 기록지는 부부의 고충에 대한 전체적인 그림을 비교적 신속하게 볼 수 있게 해 준다.

*결혼만족 척도(Marital Satisfaction Inventory: MSI; Snyder, 1981)

이 조사 기록지는 9개 영역(예: 자녀양육, 재정, 성 문제, 의사소통, 가족력 등)에 속하는 280개의 양자택일(맞다/틀리다, 그렇다/아니다)식 문항으로 이루어져 있다. 임상가에게 종합적 불행측정치를 제공해 주기 위해 전반적 불행 척도 한 가지도 포함되었다. 산출된 점수들은 부부 관계에서 서로에 대해 느끼는 어려움에 대한 지각을 비교해 보기 위해 프로파일 기록지에 함께 기재된다.

아직 경험적 타당성을 검증받지는 않았지만, 부부에 관한 문제영역을 정확히 찾아내는 데 매우 유용한 다른 조사 기록지도 많은데 그중 대표적인 것은 다음과 같다.

*변화에 대한 믿음 질문지(Beliefs About Change Questionnaire; Beck, 1988)

이 질문지는 체크리스트 형식의 개방형 질문지다. 이 척도는 읽는 이로 하여금 자신이 지니고 있는 특정한 믿음을 반영하는 서술문에 표시를 하게 한다. 서술문의 예로는, '나의 배우자는 변화할 수 없다.' '나의 결혼생활은 죽은 것이나 마찬가지다.' 등을 들 수 있다. 질문지는 네 개의 소제목에 따라 범주화되어 있으며, 그 제목들은 '패배주의자적 믿음' '자기정당화적 믿음' '상호성에 대한 논쟁' '배우자 탓하기' 다. 총합은 산출되지 않는다.

*협력의 문제(Problems in the Partnership; Beck, 1988)

이것은 부부 사이에서 일반적으로 발견되는 42가지 쟁점으로 이루어져 있다. 이 조사 기록지의 응답자는 '우리는 의견이 일치하지 않는다.' '내가 양보한다/진다.' 와 같은 진술문에 0(전혀 그렇지 않음)부터 4(항상 일치함)까지의 점수범위에서 평가하도록 되어 있다. 응답자는 또한 이러한 쟁점 사항들이 부부관계에서 문제로 지각되고 있는지의 여부에 대해서도 표시하게 되어 있다. 진술문은 의사결정, 재정, 성관계, 오락과 여가활동 등의 네 가지 영역으로 구분되어 있다.

*애정의 표현(Expressions of Love; Beck, 1988)

이 질문지는 부부가 서로에게 애정과 보살핌을 보여 주는 방식을 파악해 볼 수 있게 하기 위해 고안되었다. 각 응답자는 다음과 같은 질문에 얼마나 자주 '네' 또는 '아니오' 라고 응답할 수 있는지를 판단한다. '당신은 서로 떨어져 있을 때면 배우자를 그리워하는가?' 또는 '당신은 배우자가 민감해하는 영역을 정확히 알 수 있으며 존중해 줄 수 있는가?' 라는 질문이 예다. 질문에 대해 응답자는 0점(전혀 그렇지 않다)에서 5점(항상 그렇다)까지 척도로 평가하도록 되어 있다. 질문지는 12영역으로 나뉘어 있고, 각 영역은 3문항으로 이루어져 있다. 12영역은 따스한 느낌(Feelings of Warmth), 애정 표현(Expressions of Affection), 보살핌(Caring), 수용과 관용(Acceptance and Tolerance), 공감과 민감성(Empathy and Sensitivity), 이해(Understanding), 동료의식(Companionship), 친밀감(Intimacy), 우정(Friendliness), 만족(Pleasing), 지지(Support), 근접도(Closeness)이다. 이 질문의 점수는 절대적 기준이 없다.

*의사소통 양식상의 문제(Problems in the Style of Communication; Beck, 1988)

이 질문지는 부부간의 아이디어와 정보 교환에 지장을 줄 수 있는 말하기와 듣기 양식을 파악하기 위한 척도다. 개별 응답자는 자신에게 배우자가 사용하는 행동을 0점(전혀 그렇지 않음)부터 4점(언제나 그러함)까지의 척도에서 평가하도록 되어 있다. 또 다른 한 칸에는 그 문제가 얼마나 자신을 괴롭히는지에 대해 0점(전혀 괴롭히지 않음)부터 3점(아주 많이 괴롭힘)까지 평정한다. 이 평정은 '말이 너무 많다.' '화가 나면 반응을 하지 않는다.' 등의 15개의 진술문항이 있다. 절대 점수는 없다.

조사 기록지와 질문지는 몇 가지 목적에 유용하게 쓰일 수 있다. 첫째, 부부에게 우선 무엇인가 수행할 과제를 주고, 그것을 통해 치료자는 많은 단서를 얻을 수 있다는 것인데, 이는 특히 부부가 그 과제 수행을 미루어 완수를 지연시키고 있을 때 더욱 그러하다. 둘째, 화내거나 분개하고 있는 배우자에게 감정발산의 간접 수단으로 이용될 수도 있다. 셋째, 부부와 치료자 양쪽 모두에게 역기능을 측정하는 표준 도구 역할을 해 주어서 추후에도 치료 전 과정에 걸쳐 다양한 시간 간격을 두고 실시될 수 있다. 이런 식의 척도 사용은 치료자가 치료 경과를 모니터하는 데도 도움이 된다.

비록 정상적인 진행 절차에서 항상 그렇게 하는 것은 아니지만, 보다 심각한 정신병리가 내재되어 있을 것 같은 의심이 특별히 드는 경우는 치료자가 추가적 임상 평가를 실시해 볼 수 있다. DSM-III-R을 위한 구조화된 임상 면접(The Structured Clinical Interview for DSM-III-R: SCID; Spitzer, Williams, & Gibbon, 1987) 또는 미네소타 다면적 인성검사 2(Minnesota Multiphasic Personality Inventory-2: MMPI-2; Butcher et al., 1989)와 같은 도구는 치료방침을 설정하는 단계에서 진단 보조도구로 사용될 수 있다. 또한 이렇게 하면 추가적 치료(예: 정신과 치료 등)의 필요성을 배제시킬 수도 있다. 이 부분에 대한 보다 상세한 논의는 6장을 참조하기 바란다.

개인 면담

초기 합동 면담에 이어서 각 배우자와 개인 면담이 이루어진다. 이 개인 면담은 몇 가지 목적을 위한 것이다. 우선 배우자가 참가하지 않는 상황은 치료자가 각 배우자와 상호작용을 해 볼 수 있는 기회를 제공해 준다. 예를 들어, 아내와 함께 있을 때는 남편이 주눅이 들었지만, 남편 혼자만을 면접했을 때 보이는 차이에 유의함으로써 그런 사실을 더 쉽게 알아낼 수 있을 것이다. 이는 부부관계에 대한 남편의 생각을 표현하는 데서도 마찬가지다. 처음에는 상대방에게 상처를 주거나 화난 반응을 유발할까 봐 두려워서 한쪽 배우자가 상대 배우자 앞에서 자신의 감정에 대해 정확하게 말하기를 꺼린다. 개인 회기에서 다루어야 할 영역에는 아동이나 성인으로서 경험했던 성적 또는 신체적 학대, 강간으로 볼 수 있는 사건, 과거(이성)관계 또는 외도에 관한 상세한 내용, 성공 또는 실패의 경험, 원가족과 관련된 문제, 크든 작든 현 부부관계 내의 폭력 존재 여부, 그리고 내담자가 적어도 당분간은 비밀로 하고 싶어 하는 어떤 특정한 정보 등과 같이, 합동 면담에서 논의되지 않았던 영역이 포함되어야 한다.

내용에 관해서는 개별 배우자가 그들 관계 내에서 문제를 어떻게 보고 있는가에 대한 개념화를 발전시켜 가는 데 초점을 맞추어야 한다. 자신에 대한 특정한 자동적 사고와 믿음 그리고 부부관계에 일어나야 할 변화가 강조된다. 이 부분은 본 장의 후반부에서 보다 확실하고 상세하게 다룰 것이다.

이 시점에서 치료자는 치료과정에 대한 결정을 어느 정도 내려야 한다. 이러한 결정의 상당 부분은 치료자가 부부 각자로부터 수집한 정보와 관점에 근거해 내린다. 예를 들어, 만약 한쪽 배우자가 자신이 현재 혼외 관계에 빠져 있다는 고백을 한다면, 이러한 정보는 앞으로의 치료 방향에 중대한 영향을 줄 수밖에 없을 것이다. 또 한 가지 흔히 있는 상황은 한쪽 배우자가 치료자에게 자신은 이 결혼을 끝내고 싶다고 귀뜸하면서 치료를 받는 것은 그저 "최후의 순간까지도 노력했었다."는 것을 정당화하기 위한 수단이라거나 또는 법원의 의무적 평가 명령에 따르기 위한 것일 뿐이라고 말하는 경우다.

문헌상에서 이러한 문제들은 논쟁이 되어 왔다. 어떤 이론가들은 배우자가 혼외 관계를 절대 포기할 수 없다고 하거나 이혼을 확고한 대안으로 결정한 경우는 부부치료를 받아 보라고 지시하지 않아야 한다고 주장한다(Schmaling, Fruzzetti, & Jacobson, 1989). 물론, 이와 같은 결정은 치료를 담당한 치료자의 판단에 맡겨야 한다. 왜냐하면 처음에는 부부 당사자들이나 치료자 모두에게 전혀 희망이 없어 보이던 상황들도 결국 희망이 조금씩 드러나는 경우가 간혹 있기 때문이다. 특정 사례를 담당하겠다는 결정을 내리기 전에 모든 판단기준들을 신중하게 비교 평가해 보는 과정이 권고된다(보충 논의는 6장 참조).

흔히 부부들은 관계가 너무나 절망적인 막다른 골목에 이르러서야 부부치료를 받으러 온다. 사실 너무 늦게 치료를 시작해 효과적인 어떤 변화를 유발하기 어려울 정도로 관계 악화의 정도와 수준이 깊은 경우도 일부 보인다. 이와 같은 경우는 가능한 신속하게 결정이 내려져야 한다. 하지만 이와 달리, 겉으로 보기에 가망이 없을 것 같은 상황이라고 해서 부부치료를 시작도 하지 않는 것으로 성급하게 결정하는 것은 지나치게 비관적이라고 할 수 있다. 몇 회기를 계획해서 부부로 하여금 행동의 방향에 대해 결정을 할 수 있게 해 주면 치료가 부부에게 새로운 방향을 제시해 주는 경우도 종종 발생한다.

다른 치료가 진행 중인 경우라면 추가적 부부치료를 병행할 수도 있다. 예를 들어, 한쪽 배우자가 심한 성격장애를 지니고 있지만 양쪽 배우자 모두가 관계를 회복하기 위해 최선을 다하고 싶어 할 경우, 다른 치료(예: 성격장애 개인치료)에서 어느 정도 진전이 일어날 수 있을 때까지 그 부부에게 지지적 부부치료를 하며 만남을 계속하는 것은 좋은 방법이 될 수 있다.

치료 계약 수립

일단 두 배우자 각각의 개인 회기를 가지고 나면, 그 두 사람을 함께 만나는 시간을 가지게 된다. 필요한 정보를 배우자 중 한 사람이나 두 사람 모두로부터 얻기 위해 만약 1회 이상의 개인 면담이 필요하다면, 그 만남은 2차 합동 면담 이전으로 일정이 잡혀야 한다. 이렇게 하는 대신 치료자는 참여과정의 가속화를 위해 개인 면담을 90분으로 잡을 수도 있다. 또한 첫 3회기 동안 충분한 정보가 수집되지 못한 경우는 치료자가 필요한 모든 정보를 얻을 때까지 평가과정을 더 연장하여야 한다.

2차 합동 면담은 치료자가 그 이전 평가 면담의 모든 결과와 정보들을 한데 묶어서 이를 토대로 사례 개념화와 치료 계획을 전개해 나가는 일종의 요약 회기가 되어야 한다. 이 요약에는 부부에게 현 사례를 개념화시켜 주는 것과 문제 영역의 윤곽을 설명해 주는 과정이 포함된다. 개별 면담의 정보를 취합해 치료자는 치료과정에 대해 어떤 결정을 내려야만 한다. 그리고 이러한 결정은 4회기 또는 2번째 합동 면담에서 부부에게 제시된다. 이 시점에서 자신이 얼마나 확신을 가지고 있느냐에 따라서 치료자는 부부관계의 전반적 예후 및 치료 순응성에 대한 자신의 전문가적 의견까지도 부부와 공유할 수 있다.

이 회기는 치료자가 교육적인 방식으로 부부에게 인지적 모델에 대한 오리엔테이션을 시작해야 하는 회기이기도 하다(4장 '기법과 적용 과정' 참조). 또한 치료자는 이 회기 동안 치료가 '협력적인 한 쌍'이 되어야 할 필요성이 있음을 강조해야 한다. 2장에 언급된 이 개념(Jacobson & Margolin, 1979)은 부부가 자신들의 관계 문제를 스스로 함께 노력할 때만 개선이 가능한 그들 공통의 문제, 즉 하나의 단위로 보는 것을 말한다. 일단 부부의 협력 의지를 확인하고 나면 치료자는 부부가 치료를 지속할 것인지를 구두로 대답하도록 질문을 한다(협력 구조 형성이 용이하지 않은 부부를 대상으로 할 때 도움이 되는 접근방법을 살펴보려면 4장 참조).

문제 영역 확인

일반적으로, 부부가 치료를 받겠다고 왔을 때 그들은 목표 지향적이다. 즉, 그들은 자신들의 관계에서 무엇이 달라지기를 원하는지에 대해 적어도 어떤 생각을 가지고 있다는 것이다. 그러나 이것이 부부에 따라 각양각색이어서 극단적인 예를 들면, 어떤 부부는 문제 영역에 아주 예리하게 집중되어 있고, 어떤 부부는 문제의 유형에 관해 분명한 개념도 없고 대화도 없는 경우가 있다.

이 단계에서, 특히 자신들의 문제가 무엇인지에 대해 이야기해 보라는 요구를 받았을 때 부부가 너무 막연하고 모호하거나 구체적이지 않게 답을 하거나 아예 입을 닫아 버리는 경우는 협력의 문제(Beck, 1988) 질문지나 다른 질문지(이 장의 앞부분에서 언급되었던)를 사용하는 것이 유용할 수 있다. 이 질문지들은 첫 번째 합동 회기의 끝 무렵에 다음 일정인 개인 면담을 위해 완성해 오라는 지시와 함께 나누어 주어야 한다. 이 질문지는 부부가 따로따로 완성하고 서로 답을 의논하지 않는 것이 가장 바람직하다.

앞서 언급되었듯이, 2차 및 3차 회기는 부부 각각에 대한 단독 면담으로 이루어진다. 이 면담을 하는 동안 치료자는 구체적인 불만 영역을 탐문하고, 부부관계 질문지와 조사 기록지를 활용하여 문제 영역을 정확히 규정하고 개념화하는 기회를 갖는다. 이것이 부부관계의 장애를 실질적으로 개념화하는 첫 단계 중 하나다. 부부가 그들의 고민 영역에 대해 명확하게 알고 있다면 그런 내용은 질문지에 대한 그들의 답변으로 뒷받침될 것이므로, 치료자는 그들의 상황에 대한 개념화를 더욱 공고히 할 수 있다.

처음에 어느 영역에 초점을 맞출지를 결정할 때, 치료자는 부부와 협의해서 어느 것이 가장 절박한 문제인지를 선정한다. 만약 그동안 위기(예: 혼외 관계 노출 또는 폭력 행사)가 있어 온 경우라면, 그

위기가 의사소통과 같은 다른 문제보다 우선적으로 다루어져야 할 문제가 될 수도 있다. 이와 반대로 당면한 위기가 없는 경우라면, 개념화(Persons, 1989)와 개별 회기에서 제기된 쟁점이 치료 초점을 결정하는 데 도움이 될 수 있다(위기에 관한 추가적 논의는 6장 참조).

일단 문제 영역이 확인되고 나면, 치료자와 부부는 서로 협력해서, 그것이 그 부부에게 얼마나 중요한가 하는 점과 부부관계를 얼마나 악화시키는가 하는 점을 고려하면서 문제 영역의 순위 매김을 해야 한다. 그런 다음 치료자와 부부는 각 문제 영역을 하나씩 다루기 시작할 수 있다.

부부의 자동적 사고 확인

부부에게 변화를 촉진하는 첫 단계 중 하나는 그들의 자동적 사고를 밝혀내는 것이다. 1장에서 설명하였듯이, 자동적 사고란 한 개인이 어떤 상황에서 그 상황에 대한 내적 경험으로, 즉 자동적으로 떠오르는 생각을 말한다. 이러한 생각은 그 사람이 특정한 방식으로 느끼고 행동하게 만들 수 있는데, 그러한 방식이 인간관계에서 갈등을 생성시킬 수도 있다. 이렇게 개념정의를 하면 마치 자동적 사고가 포착하기 쉬운 것인 것처럼 보일 수 있으나 자동적 사고는 그리 쉽게 접근할 수 있는 것이 아니며, 때로는 밝혀내기도 어려운 것이다.

치료자는 이러한 자동적 사고를 정확히 지적해 내기 위해서 그 평가과정에서 특정한 기법을 이용해야만 하며, 그다음에는 환자에게 스스로 그러한 사고를 알아차릴 수 있도록 가르쳐야 한다. 관계에 관한 자동적 사고를 확인하는 가장 직접적인 방법은 환자에게 구체적인 어떤 상황을 명확히 한 후 "이 순간 마음속에 어떤 것들이 스치고 지나가세요?"라고 묻는 것이다. 다음 예에서 볼 수 있듯이, 그런 상황과 그에 연관되어 일어날 법한 생각을 다시 불러일으키기 위해 심상이 이용될 수도 있다.

마일즈: 집에 오면 아내는 내게 소리를 지르고, 내가 배려심이 없다고 해요. 난 그 소리가 정말 듣기 싫어요. 그래서 화가 나게 되는 거죠.

치료자: 화가 나면 마음속에 어떤 것들이 지나가나요?

마일즈: 모르겠어요. 그럴 땐 그냥 화가 나요.

치료자: 화가 난다고 하셨는데 어떤 것들이 당신을 화나게 하나요?

마일즈: 그냥 아내가 나를 비난하는 거요.

치료자: 그게 당신에게는 어떤 의미로 느껴지시나요?

마일즈: 무슨 뜻인지 잘 모르겠는데요.

치료자: 좋아요. 자, 재키가 당신을 비난한다는 생각이 들 때 당신의 마음속에 떠오르는 것들이 무엇인지를 우리가 함께 한번 생각해 보도록 하지요. 당신이 집에 왔을 때의 장면을 상상해 볼 수 있으세요?

마일즈: 네.

치료자: 눈을 뜨고 상상을 하시는 게 더 잘 되세요, 아니면 감고 하시는 게 더 잘 되세요?

마일즈: 글쎄요, 감고 있을 때 같아요.

치료자: 좋아요. 그럼 눈을 감으시고, 당신이 집에 왔는데 재키가 당신에게 소리를 질렀던 바로 지난번 경우를 상상해 보세요.

마일즈: 내가 부엌으로 들어가서, "여보, 나 왔어. 별일 없었어?" 라고 했지요. 그러고는 그날 시합에서 누가 이겼는지 보려고 신문을 집어 들었는데, 아내가 내게 소리를 지르기 시작했어요.

(여기서 치료자는 마일즈에게 그 상황에서 들은 소리와 목격한 것들에 대해 질문해서 그 장면에 대한 그의 기억을 증진시켜 준다.)

치료자: 그러니까 당신은 신문을 보고 있는데, 재키가 당신에게 배려심이 없다고 말을 해서 당신이 쳐다보니까 그녀가 마음 상한 표정으로 "당신은 오늘 아이 검진결과에 대해 묻지도 않았잖아요!"라고 말했다는 거지요.

마일즈: 네.

치료자: 지금 이 순간 기분이 어떠세요?

마일즈: 바보가 된 기분이죠. 하지만 화도 나고요.

치료자: 뭐에 대해 화가 나세요?

마일즈: 아내는 아이에 대해 우리 두 사람 몫의 걱정을 혼자 다 하는 거예요! 그건 그저 2주차에 받는 검진이었을 뿐이거든요. 저는 아이가 만약 아팠다면 아내가 나한테 직장으로 전화를 했을 거라고 생각했어요. 그런 작은 실수 하나로 나한테 배려가 없는 사람이라고 말하면 안 되죠. 아내의 행동은 마치 내

가 남편으로서 완전 낙제라도 한 것 같았다고요!

치료자: 화가 나기 바로 전에, 그러니까 자신이 바보 같다고 느껴졌을 때, 그때 마음속에 지나간 생각들은 어떤 것들이었습니까?

마일즈: '이봐, 직장 동료들에게는 내가 얼마나 훌륭한 아빠인지 자랑을 하고 다니면서도, 정작 아기 검진일은 까맣게 잊고 있었네.' 라는 생각이었죠.

치료자: 그래서 자신에게 화가 났었나요?

마일즈: 네, 왜냐면 내 아버지처럼 되지는 않겠다고 다짐을 했었거든요.

치료자: 그런데 그 일로 자신이 아버지를 닮았다는 생각을 하게 되셨나요?

마일즈: 네.(주먹을 쥠)

치료자: 그 순간 마음속에 어떤 것들이 스쳐 지나가고 있나요?

마일즈: 내가 야구 이야기를 아버지에게 하려고 하는데 경마 결과표만 읽고 계시던 아버지 모습이 떠올랐어요.

치료자: 그 기억을 떠올릴 때면 어떤 느낌이 드세요?

마일즈: 글쎄요, 화난 느낌 같은데요.

치료자: 그러니까 우리가 속도를 늦추고 들여다보게 되니까 당신에게 떠오르는 생각과 느낌이 여러 가지가 있네요.

마일즈: 네, 그런 것 같네요.

치료자: 그 생각과 느낌 중 몇 가지를 살펴보면서 그것들이 어떤 식으로든 연결이 되어 있는지를 알아보도록 하지요.

이 대화에서 치료자는 마일즈에게 특정한 상황의 여러 측면에 대해 회상하게 하면서 그의 생각과 감정에 주목해 보도록 요구하고 있다. "무슨 생각을 하세요?"라고 묻지 않고 "지금 방금 마음속에 어떤 것들이 스치고 지나갔어요?"라고 물음으로써, 치료자는 마일즈가 단어로 이루어진 생각만이 아니라 심상이나 기억도 회상할 수 있도록 문을 열어 놓아 준 것이다. 심상이나 기억을 포착하는 것은 그것들이 아주 유력한 정서적 근원이 될 수 있기 때문에 중요하다. 벡(1986년 1월 이루어진 개인적 대화에서)은 "지금 방금 마음속에 어떤 것들이 스치고 지나갔어요?"라는 질문을 자동적 사고를 파악하는 데 기본이 되는 인지적 질문이라고 하였다.

기저 믿음(도식)을 밝혀내기 위한 자동적 사고의 활용

고고학자는 유적지 발굴 과정에서 출토품을 발굴해 내기 위해 특별한 연장을 활용한다. 이러한 출토 과정에는 끈기 있고 조심스러운 기술적 접근이 필요하기 때문에 사용되는 연장은 일반적으로 그 유물을 보호하기 위해 흙을 섬세하면서도 효과적인 방식으로 제거할 수 있도록 특수하게 고안된 것들이다.

이 과정은 기저에 깔린 믿음이나 도식을 밝혀내려는 인지치료자의 작업과 흡사하다. 이 경우에 사용되는 도구는 상담과 정신치료의 기본요소로서, 일명 명료화, 반영, 효과적 라포 형성이라는 것들이다. 하지만 그중에서도 가장 정밀성이 필요한 것은 질문하기다. 질문하기는 자동적 사고와 기저 믿음을 노출시키는 데 사용되는 방법이다.

앞서 정의를 내린 것과 같이, 자동적 사고는 개인의 마음속에 저절로 생겨나는 생각이다. 그 생각은 왜곡된 정보나 잘못된 논리에 근거한 것일 수 있다. 질문하기는 치료자로 하여금 그 개인이 인지하고 있을 수도 있고 그렇지 못할 수도 있는 자동적 사고를 밝혀내는 데 도움을 준다.

각 개인의 자동적 사고를 확인하는 과정은 치료자가 관계에 대한 기저 믿음을 밝혀내는, 그리고 무엇보다 중요한 것인 변화에 대한 믿음을 밝혀내기 위해 지나가야 하는 길이다. 이 둘 사이의 관계를 명확히 하자면, 자동적 사고란 하나의 관념의 적용 또는 하나의 견해의 산물이다. 이와 달리, 기저 믿음이란 진실이라고 받아들여진 관념이나 견해로서 그 자동적 사고가 거처하는 곳이다. 부부 각자가 어떻게 생각하고 그 결과로 자신의 배우자와 어떻게 상호작용하는지를 좌우하는 것은 바로 이러한 기저 믿음이다. 따라서 이러한 사고와 믿음을 확인해 내는 데는 상당한 시간이 소요되는데, 그 이유는 개인이 자신을 다스리는 방식에 대해 가장 많은 정보를 주는 것이기 때문이다.

치료 초기에는 배우자의 방해 또는 마음속 깊이 간직하고 있는 믿음을 고백하는 데 대한 저항을 피하기 위해 개인 면담에서 자동적 사고와 기저 믿음을 확인한다. 그 후에는 합동 회기에서 부부가 자동적 사고를 함께 나누면서 각자가 어떻게 생각하며, 자신들의 사고와 믿음을 어떻게 파악할 수 있는지를 실제적으로 관찰해 보게 한다.

다음은 어느 한 개별회기에서 발췌한 대화다. 이 사례에서 치료자는 변화에 대한 믿음 질문지(Beck, 1988)에 기록한 남편의 응답

중 몇 문항에 초점을 두고자 하였다. 이번 사례는 단순히 저절로 생겨나는 자동적 사고를 규명하는 것이 아니라, 기저 믿음을 발견해 내는 것을 목표로 하고 있다는 점에서 앞서 소개한 각본과 구별된다.

치료자: 존, 제가 보니까 당신은 변화에 대한 믿음 질문지의 '패배주의자적 믿음'에서 "나의 배우자는 변화가 불가능한 사람이다."라는 진술문에 표시를 하셨던데요. 그 진술문에 대한 당신의 자동적 사고는 어떤 것들인가요?

존: 글쎄요, 아시다시피 여기 와서 상담을 받기로 한 건 우리 두 사람의 합의된 의사결정이었지요. 하지만 저는 제 아내가, 비록 선생님이 계시는 자리에서는 자기를 바꾸어 볼 마음이 있는 듯이 행동을 한다 해도, 자신의 방식을 변화시킬 수 있다는 걸 진정으로 믿지는 않습니다.

치료자: 그러면 당신의 생각은 설사 부인께서 그럴 마음은 있어 보여도 실제로 부인이 변하실 가능성은 희박하다는 것인가요?

존: 네, 그건 거의 시간 낭비예요.

치료자: (그 진술문에 대한) 또 다른 생각도 있으세요?

존: 네, 이 관계가 제대로 유지되도록 하기 위해 애쓰며 엄청난 에너지를 소모해도 우리가 결국 헤어지면 저만 조롱거리가 되어 버릴 것 같다는 생각도 들어요.

치료자: 그러니까 당신의 믿음은 부부치료를 받는다는 것이 결과적으로는 당신을 웃음거리로 만드는 일이 될 뿐이라는 것이군요?

존: 네, 그렇습니다. 그래서 저는 아내가 치료를 받아보고 싶다고 말을 할 때도 그녀를 선뜻 믿기가 어렵습니다.

치료자: 변화에 대한 당신의 믿음은 어떤 것입니까?

존: 글쎄요. 기본적으로, 저의 진심을 알고 싶으시다면, 저는 솔직히 사람들이 아무리 스스로 변하기를 소망한다고 말을 하더라도 그들은 근본적으로 그들의 현재 모습 그대로 유지할 거라는 느낌을 갖고 있습니다. 저는 "표범은 그 무늬들은 결코 바뀌지 않는다."라는 옛 속담을 믿습니다.

치료자: 그러시군요. 그렇다면 당신의 기저 믿음은 변화는 불가능하다는 것이고, 따라서 당신의 부부관계를 개선시켜 줄 수 있는 것은 아무것도 없다는 것이겠네요?

이 사례에서 치료자는 남편이 자신의 부부관계를 어떻게 보고 있는가를 나타내 주는 대목이라고 보이는 자동적 사고에 대해 집요하게 질문하고 있다. 이러한 과정의 목표는 물론 기저에 깔린 믿음 체계를 파고드는 것이다. 앞의 사례에서 존의 믿음에 관한 핵심은 "사람이 변하는 것은 불가능한 일이다."라는 것이다. 치료자가 이를 아는 것이 매우 중요하기는 하지만, 초기 평가에서 기술적으로 잘 밝혀지지 않았더라면 이러한 믿음은 표면으로 부상하지 않았을 것이다. 이제 치료자는 자신이 무엇을 직면하고 있는지에 대해 보다 분명하게 알 수 있게 되고, 이는 앞으로의 치료에서 만날 수도 있는 난관들을 피해 가는 데 도움이 될 수 있다. 더구나 그러한 인식은 치료자에게 개인이 어떻게 자신과 자신의 부부관계를 바라보고 있는지를 들여다볼 수 있게 해 주는 창문이 되어 준다.

원가족에서 유래된 정체성

체계이론가는 원가족의 중요성을 강조하는데, 그 이유는 한 개인이 자신의 여러 관계를 어떻게 바라보는가 하는 데 원가족이 주요한 역할을 한다고 믿기 때문이다(Aylmer, 1986).

각 배우자의 원가족에서 유래된 문제들이 종종 부부관계에 대한 믿음의 핵심 주제를 결정짓는다는 점에서 인지치료자에게 중요한 사항들이다. 부부 상담을 하다 보면, "그래도 내 어머니는 늘 그렇게 하셨어요."라든가 "나의 부모님은 논쟁을 해야 할 필요가 거의 없으셨어요."라는 말을 자주 듣는다.

내담 부부가 자신들의 부모의 부부관계에 관해 회상하는 내용 중 일부를 치료자는 시간을 내어 살펴볼 것을 강력히 권장한다. 그렇게 하는 것은 부부가 자신들의 상호작용 패턴 중 일부를 보다 잘 이해하고 그것을 수정하기 위한 첫걸음을 내딛을 수 있게 하는 데 도움이 될 것이다. 많은 사람들은 자신의 부모가 일을 어떤 특정한 방식으로 했다는 것 때문에 그것이 곧 법이고 자신도 그대로 따라야 한다고 아직도 굳게 믿고 있다. 그런 이유에서, 자신들의 관계가 무너지기 시작하거나 갈등상황으로 들어갈 때면 쉽사리 좌절하고, 때로는 왜 특정한 방식이 부모에게는 효과가 있었으면서 자신들에게는 그렇지 않은지에 대해 종종 혼란을 느끼는 것이다. 물론, 그 차이는 어떤 부부 사이에서 존재했던 묵시적인 동의나 시간 사용에 대한 것들과 종종 관련이 있다. 하지만 중요한 것은 배우자들이 자신의 원가족 어느 구성원에게 과거에 효과가 있었거나 현재 효과가 있는 방식에 대해 지녀 온 믿음을 버리고 자신에게 맞는 새로운 지침을 채택해야 할 수도 있다는 점을 분명히 인식해야 한다는 것이다. 이렇게 인식하는 것은 또한 서로의 요구를 발견하는 것이라든가, 자신의 배우자를 보다 잘 이해하는 것이 중요하다는 생각을 강화시켜 주는 데도 도움이 될 것이다. 이러한 작업은 4장에 상세히 설명되어 있는 인지적 재구조화 과정을 통해 이루어질 수 있다.

치료자는 치료 회기 동안 얻은 정보를 이용하여, 부부가 자신의 원가족으로부터 지녀 온 믿음에 의존하거나 그것을 이용하려고 할 때 배우자들에게 적극적으로 지적을 해 주어야 한다. 그러고서 이러한 믿음이 현재의 상황에서 얼마나 기능적인지, 그리고 그것들이 지속되어야 하는지, 아니면 버리고 새로운 것으로 교체되어야 하는지에 대해 평가를 해야 한다. 만약 그 믿음이 현재에 맞지 않는 쓸모없는 것으로 판명되면 해당 부부에게 맞는 새로운 믿음 체계를 도입하는 쪽을 강조해 줄 수 있다.

초기 평가 단계가 완료되면 사례개념화를 형성하고 치료계획을 수립한다. 이 과정은 부부에게 그들이 확실히 이해할 수 있는 비임상적 용어로 축약하여 전달해야 한다. 이렇게 한 다음에 그 부부에게 인지치료 모델에 대해 설명해 주어야 한다.

평가자: ______________________ 평가 일시: __________

임상의를 위한 부부 평가 기록지 *

I. 신상 정보

환자 성명 ______________________
성별 __________ 연령 __________ 인종 __________
직업 ______________________ 종교 __________

환자 성명 ______________________
성별 __________ 연령 __________ 인종 __________
직업 ______________________ 종교 __________
관계 상태 (○표 하기):

약혼 결혼 별거 재결혼
이혼 동거 가끔씩 같이 생활

결혼 지속 기간(미혼일 때는 관계 지속 기간):

____

자녀:

성 명	연 령	성 별	가정에서 생활

* 이 도구는 The Center for Cognitive Therapy(Room 602, 133 South 36th Street, Philadelphia, PA. U.S.A. 19104 소재)에서 개발하였으며, 동 연구소의 허가를 취득하여 복사되고 출판되었음.

II. 문제의 진술(두 배우자 모두로부터 진술을 받음):

배우자 1(이름):____________ 배우자 2(이름):____________

1. 주된 문제는 무엇인가?		배우자 1	
		배우자 2	
2. 증상은?	정서적	배우자 1	
		배우자 2	
	생리적	배우자 1	
		배우자 2	
	인지적	배우자 1	
		배우자 2	
	행동적	배우자 1	
		배우자 2	
3. 얼마나 오랫동안 이런 문제가 있었는가?		배우자 1	
		배우자 2	
4. 과거에 이와 유사한 문제가 있었는가?		배우자 1	
		배우자 2	
5. 가장 빈번히 발생했던 일은?		배우자 1	
		배우자 2	

Ⅲ. 공통의 문제:

1. 갈등의 영역	
2. 의사소통 문제	
3. 다른 가족원과의 문제 (자녀, 부모)	
4. 성적 문제	
5. 다른 걱정거리 (갈등을 유발시키는 개인적인 문제 등)	
6. 신체적 폭력의 과거력	

Ⅳ. 개별 진단:

배우자 1 　　　　이름 :

축 1 (진단)

축 2 (성격 특성)

축 3 (의학적 문제)

축 4 (심리사회적 스트레스 요인)

축 5 (가장 높은 적응 기능)

배우자 2 　　　　이름 :

축 1 (진단)

축 2 (성격 특성)

축 3 (의학적 문제)

축 4 (심리사회적 스트레스 요인)

축 5 (가장 높은 적응 기능)

____

____

V. 추천하는 치료:

면담자의 사인 ____________________ 자문자의 사인 ____________________

4 기법과 적용 과정

인지적 모델을 부부에게 교육시키기

치료 모델을 부부에게 교육시키는 작업은 중요한 과정이다. 특히 인지 치료자들에게는 더욱 중요하다. 구조화되고 협력적인 접근방법을 가진 치료방식에서는 부부가 원리와 방법을 명백히 이해하는 것이 필수적이다. 전문가는 지속적으로 모델을 다시 언급하고 특정한 개념을 참고하기 때문에 이런 과정이 특히 중요하다. 또한 모델을 알고 재검토하는 것은 두 배우자가 치료과정 중 그들에게 일어나는 것에 좀 더 집중하게끔 하고, 자신의 생각과 행동에 책임감을 가진다는 개념을 강화시킨다.

교육적인 과정은 보통 두 번째 합동 면담 초기에 실시한다. 그러나 이것은 치료 중 어느 지점에서라도 다시 언급될 수 있다. 부부가 같은 정보를 취득하기 위해 이 과정은 합동 면담 시간 중에 실시하는 것을 추천한다. 보통 다음과 같이 인지 모델을 설명한다.

> 인지치료는 생리, 감정, 행동, 생각, 환경이 모두 상호작용하는 모델을 기반으로 하고 있습니다. 예를 들어, 만약 우리의 기분이 우울하다면 우리의 행동은 줄어들 것이고 생각은 부정적이게 되고, 우리의 생리가 변할 것입니다. 당신들과 더불어 당신들의 환경(역사, 가족구조, 스트레스 등), 건강, 감정, 행동, 생각 모두가 상호작용하게 됩니다. 그러므로 당신의 관계를 개선하는 것을 목표로 우리는 당신들이 기분 좋고 더 잘 지낼 수 있도록 도와주기 위해 이런 다섯 가지 영역 안에서 할 수 있는 것을 살펴보아야 할 것입니다.
>
> 부부 인지치료의 중요한 한 영역은 부부가 자신들의 관계에서 가지는 역기능적인 생각을 깨닫도록 도와주는 것입니다. 이런 역기능적인 생각은 갈등을 야기시킵니다. 당신들이 관계에 가져온 예상은 치료의 주요한 초점이 될 것입니다. 역기능적 관계는 종종 한쪽 혹은 양쪽 배우자가 그들 자신이나 관계에 대해 왜곡된 믿음이나 비현실적인 예상을 가질 때 야기됩니다. 시간이 지남에 따라 부부는 종종 서로의 행동에 대하여 부정적인 결론을 내리게 됩니다. 이 결론은 서로 상대방에 대해 전적으로 부정적인 면만 보게 만듭니다. 그러면 당신들은 긍정적인 행동을 알아차리지는 못하고 서로의 부정적인 행동에만 더 초점을 맞추게 됩니다. 지속적으로 논쟁하고 서로를 완전히 무시할 때까지 이런 과정은 당신들을 지속적인 갈등의 소용돌이로 집어넣을 것입니다.
>
> 부부 인지치료는 당신들의 행동 의미와 원인을 해석하는 데 자

> 신의 인지를 전환하거나 확장하도록 고안된 일련의 원리와 기술을 사용합니다. 게다가 나는 당신들이 현재보다 더 좋은 관계를 유지할 수 있도록 의사소통하고 문제를 해결하는 방법을 가르칠 것입니다. 이런 기술을 통해 당신들은 잘못된 상호작용을 고치고 관계를 개선시키는 걸 배울 수 있을 것입니다.

치료자는 신중하게 세부사항을 요약에 추가하거나 제외하여 여러 면담 회기 동안 그것을 부부에게 반복하여 설명할지를 결정하게 된다. 이 정보는 부부의 어휘 수준에 맞추어 적절하게 전달되어야 한다. 부부는 모델을 이해하기 위해, 추가적으로 『사랑만으로는 살 수 없다(*Love Is Never Enough*)』(Beck, 1988) 같은 책을 권유받을 수도 있고, 인지치료를 전반적으로 이해하기 위해 『기분 다스리기 안내서(*The Feeling Good Handbook*)』(Burns, 1989, 국내 미발간) 등의 책을 추천받을 수도 있다. 만약 치료자가 치료에서 이미 토론되었던 정보를 요약하는 몇몇 쪽수 혹은 장(chapter)을 선택한다면 이런 독서 요법은 최상으로 작용할 것이다. 만일 치료자가 치료 전후에 책 내용을 부부와 토론하지 않는다면, 이런 독서 요법은 대체로 내담자에게 권유하지 않아야 한다. 과제가 치료의 중요한 부분이 될 것이라고 부부에게 설명하는 것도 중요하다.

이외에도 모델을 설명한 후에 강조되어야 하는 점이 많다. 치료자는 회기를 구조화할 필요가 있으므로 반드시 상세하게 설명하여야만 한다. 특히 위기의 한가운데에서 고통받는 부부는 종종 치료자가 설정한 구조에 저항하는 경향이 있다. 그러므로 치료자는 항상 개개인이 치료과정에서 목표를 염두에 두고 회기 구조화에 동참하도록 강조한다. 구조화 과정은 의제 설정을 포함한다. 보통 치료자와 부부가 면담과정을 면밀히 계획하기 위하여 각각의 면담 초기에 의제 설정을 한다. 이것은 또한 치료 시간이 적절한 주제로부터 멀어져 가는 것을 방지하는 데 도움이 된다(5장 참조).

치료 초기는 치료과정의 전체적인 규칙을 설정하는 데 가장 중요한 시간이다(예: 전화 걸기는 위기를 제외하고는 최소한의 정도만 가능할 것이다.). '한쪽 배우자 우위(partner domination)' 라는 주제로 치료자가 어려움을 겪는 것은 흔한 일이다. '한쪽 배우자 우위' 란 부부 중 한 명이 치료과정을 조절하기 위해 회기 외에 전화로 치료자에게 반복적으로 연락하려는 시도를 말한다. 다른 흔한 난관은 부부 중 한 명이 치료자가 자신의 배우자를 편들고 사건을 객관적으로 처리하지 않는다고 치료자를 비난하는 경우다. 치료의 기초적인 원칙은 치료과정 중에서 모든 당사자를 보호하려고 하는 것이다.

일단 치료자는 부부가 적절하게 모델의 실제적인 지식을 교육받고 기초적인 규칙을 받아들였다고 판단하면, 다음은 인지오류의 개념과 그것을 증명하는 방법에 익숙해지도록 하는 능동적인 과정을 시작한다.

비록 많은 다양한 개인적 기능 영역에 인지오류가 존재하더라도, 부부치료에서 집중하는 특정한 인지오류는 관계에 관한 영역이다. 관계 외의 영역에 관련된 인지오류가 매우 자주 나타날 수도 있다. 만약 그러한 인지오류가 특별히 관계에 적절하지 않다면, 이들은 아마 개인적인 기초에서 더 다루어져야 할 것이다. 그런 생각들이 관계 역기능에 임의로 기여할지도 모르기 때문에 치료자는 순간적인 판단에 따라 결정해야 한다.

이전에도 언급한 것처럼 여러 부부에게 자주 관찰되는 많은 인지오류들이 있다. 치료과정에서 이런 오류들을 확인하고 명명하는 시도는 재구조화 과정의 중요한 한 부분이다. 다음 절에서는 인지오류의 개념을 소개하고 부부에게 확인시키는 것을 가르치는 방법을 소개할 것이다.

인지오류를 확인하고 명명하기

인지오류는 치료과정 중 필수적인 부분이기 때문에 부부가 인지오류를 인식하는 것뿐만 아니라 이것을 쉽게 파악하는 방법을 배우는 것은 아주 중요한 과정이다. 이 과정 이후의 필수적인 과정은 부부가 이것을 명백하게 이해하였는지를 치료자가 확인하는 과정이다. 과제로는 각각의 배우자가 한 주 동안 부정적인 생각을 기록지에 작성하게 하고, 이런 생각이 어떤 오류를 가지고 있는지를 명명하게 하는 것이다. 개인이 성공적으로 이 과제를 할 때까지 개인과 치료자는 반드시 기록지를 재검토해야만 한다. 이후 오류를 인식하고 확인하는 부부의 능력에 치료자가 의지하는 시기가 되면 기록지는 아주 중요한 역할을 한다. 다음에 언급되어 있는 오류를 확인하기 위해 회기가 시작될 때 반드시 두 배우자와 함께 부정적인 생각 기록지를 재평가하여야만 한다.

개인은 많은 오류를 진실로 판단하기 때문에 이 주제를 다루는 과정은 아주 중요하다. 예를 들면 다음과 같다. 아내가 자신의 생각보다 생활비를 많이 쓰고 있다고 느끼는 한 남자는 진실로 아내가 자신에게 반감을 행동화하고 있다고 믿을 것이다. 사실 전혀 관련이 없을 때조차도 그는 아마 아내의 행동을 자신의 요구에 거부하려는 직접적인 보복으로 파악할 것이다.

사고과정을 재구조하기 위해, 인지치료에는 자기 관찰(self-monitoring)이 인지오류를 파악하는 과정 속에 포함되어 있다. 인지치료의 초기 저작(Beck, Rush, Shaw, & Emery, 1979)에서 소개되었던 인지오류는 부부를 치료하는 데도 적용된다. 다음에 소개된 목록은 부부들이 범하는 가장 흔한 열 가지 인지오류다.

1. **지레짐작**(Arbitrary Inference): 지지하는 증거가 없음에도 결론을 낸다. 예를 들어, 부인이 직장에서 30분 늦게 집에 도착하면 남자는 다음과 같은 결론을 짓는다. "아내가 바람을 피우는 것이 틀림없어."
2. **선택적 추상**(Selective Abstraction): 정보는 맥락에서 삭제당한다. 다른 중요한 정보는 무시된 채, 특정한 세부사항만이 강조된다. 예를 들어, 남편이 아침에 자신의 인사에 답하지 않으면 부인은 우선 결론을 짓는다. "그는 다시 나에게 화난 게 틀림없어."
3. **과잉 일반화**(Overgeneralization): 하나 혹은 두 개의 격리된 사건이 관계가 있건 없건 비슷한 모든 상황의 대표라고 생각한다. 예를 들어, 초기의 데이트에서 거절당한 젊은 남자는 다음과 같이 결론을 짓는다. "모든 여자는 똑같아. 나는 항상 거절당할 거야."
4. **과대평가와 과소평가**(Magnification and Minimization): 사건이나 환경을 부적절한 정도로 너무 크거나 가볍게 인식한다. 예를 들

어, 수표장이 일치하지 않는 것을 발견한 남편이 불같이 화를 내면서 부인에게 "우리는 재정적으로 완전 파산이야."라고 말한다.

5. **나와 관련짓기**(Personalization): 결론을 내리기에 불충분한 증거가 있을 때 외부의 사건을 자신의 탓으로 생각한다. 예를 들어, 이미 다림질된 셔츠를 다시 다림질하는 남편을 발견하고 부인이 가정한다. "그는 나를 불만족스러워 해."

6. **흑백논리**(Dichotomous Thinking): 경험은 전부 혹은 아무것도 아닌 것, 완전한 성공 혹은 완전한 실패로만 생각한다. 다른 말로 극단적 생각(polarized thinking)이라고 한다. 예를 들어, 거실 도배 작업에 대한 아내의 견해가 남편에게 전달된 후, 이음새에 대해서 아내가 불만을 표현하자 남편은 스스로 생각한다. "나는 어떤 것도 똑바로 할 수 없어."

7. **명명하기와 잘못된 명명**(Labeling and Mislabeling): 과거에 했던 결점과 실수를 스스로 정의하는 데 사용된다. 예를 들어, 계속되는 아침 준비 실수에 한 배우자가 인간이면 할 수 있는 잘못으로 생각하기보다는 "나는 무가치해."라고 말한다.

8. **터널 시야**(Tunnel Vision): 때로 배우자들은 자신들이 보기 원하고 현재 마음의 상태에 맞는 것만 본다. 자신이 원하는 것을 연인이 다 들어주기에 스스로를 너무 이기적이라고 생각하여 자신을 비난한다.

9. **편견에 찬 설명**(Biased Explanations): 이것은 어떤 행동에 대해 상대편이 부정적인 숨은 동기를 가지고 있다는 자동적인 가정이다. 흔히 어려움에 빠진 시기에 배우자는 대부분 의심에 가까운 생

각을 말한다. 여자는 스스로에게 말한다. "그는 내가 그것을 하기 싫어한다는 것을 알고 있지만, 자신의 의도대로 내가 그것을 하기를 원하기에 사랑에 완전히 빠진 것처럼 행동하고 있어."

10. **독심술**(Mind Reading): 이것은 의사소통 없이도 다른 이의 생각을 알 수 있다는 마법의 능력이다. 부부는 배우자에게 부정적인 의도가 있는 것처럼 확신한다. 예를 들어, 남편은 생각한다. "나는 아내의 마음에 무엇이 지나가는 줄 알아. 그녀는 내가 아내의 속임수에 순진하게 속는다고 생각해."

이런 오류는 어려움에 처한 부부 사이에서 자주 발생하지만, 사실 어느 때나 대부분의 관계에서 발생할 수 있다.

부부는 이런 흔한 오류를 깨닫고 나면 자신의 생각이 이런 오류에 부합하는지를 확인해 보도록 지시를 받게 된다. 개인이 배우자에 대한 자동적 사고를 경험하고, 그것이 부정적이거나 역기능적인지 확인할 때마다 이 자동적 사고가 어떤 오류에 속하는지 파악하도록 한다. 부부가 자신들의 인지오류에 이름을 붙이는 과정을 배울 때, 그들은 자신의 생각의 구조를 재평가하기 위한 단계를 설정할 수 있게 된다.

사고의 진행과정에서 추가적인 정신병리가 발견되는지를 결정하는데, 이 시점은 임상의의 전문가적 견해가 중요해지는 시기다(3장 참조). 평가 기간 동안 발견할 수 없었던 생각, 행동, 정서에서 장애가 이 시기에 명백하게 드러날 수 있다. 이런 사례가 발견된다면, 다른 치료 방법이 고려되어야 할 것이다. 문제가 심각한 정도에 따라 부부치료를 중단하거나 진행할지를 결정한다.

예를 들면, 거의 35년 동안 결혼생활을 해 온 부부는 대중건강잡지에 나온 기사를 읽은 후 인지치료를 시작하게 되었다. 치료과정에서 인지오류를 파악하는 것을 배우는 동안 치료자는 아내가 남편을 지나치게 의심하는 경향이 있다는 것을 파악하였다. 아내에 대한 추가적인 조사를 철저하게 하자, 의심이 깊어짐에 따라 사회적 기능의 저하를 동반하는 편집증적 특질이 드러나고 있음을 밝힐 수 있었다. 결과적으로 아내는 평가를 위해 정신과 의사에게 의뢰되었고, 부부는 아내가 안정을 찾을 때까지 부부 상담을 일시적으로 중단하기를 권고받았다.

심한 문제가 없는 경우, 배우자들은 자신의 자동적 사고를 찾아 이름을 붙임으로써 오류를 확인해 보도록 지시받는다. 다음은 이에 대한 한 예다.

자동적 사고와 인지오류들

자동적 사고	이름 붙이기
"남편은 내가 샐러드에 들어 있는 작은 콩을 싫어한다는 것을 지금 알아야만 해."	독심술
"이 결혼에 대해서 무엇을 하기에는 너무 늦었어. 시기를 놓쳐 버렸어."	과대평가

이 연습의 목적은 부부가 자신들의 사고가 불충분한 정보 때문에 왜곡될 수 있다는 것을 인식하고 자신들이 사용하는 오류의 종류와

빈도를 관찰하도록 도와주기 위한 것이다. 그들의 생각과 오류에 대한 의식적인 관찰은 자신의 생각이 배우자와 스스로에게 얼마나 많은 영향을 미치는지를 깨닫게 해 준다.

잘못된 정보처리 과정

인지이론가들은 역기능적 사고와 오류가 잘못된 정보처리 과정을 통해 발전한다고 믿는다. 환경에 대한 노출의 결과, 범주화하려는 생물학적 경향, 집단 관찰을 통해 개인은 정보처리 과정의 잘못된 방법을 배우게 된다고 인지이론가들은 생각한다. 이런 과정에는 특정한 자극에 대한 지각과 추론을 포함한다. 쥐를 두려워하는 여자의 반복되는 시나리오는 이 과정을 잘 설명하고 있다. 만화 속의 여자는 쥐와 마주칠 때마다 크기와 관계없이 이성을 잃으며 소리를 지르며 가장 높은 곳으로 도망간다. 그녀의 기저 믿음과 도식은 '쥐들은 두려운 대상이다.' 라는 것이다. 그것에 대해 질문을 하면, 그녀는 정확하게 왜 그런지는 불확실하다고 대답할지 모른다. 그러나 그녀가 거의 본능적으로 쥐를 두려워하는 것은 이것을 믿도록 길러진 무언가가 있는 것이다. 계속 질문을 받는다면, 아마 그녀는 부모로부터 쥐는 더럽거나 세균에 오염되었다고 배웠다고 털어놓을 것이다. 그러나 이 정보는 여전히 그런 과장된 두려운 반응을 지지하기에는 불충분하다. 이것은 불충분하거나 잘못된 정보, 혹은 왜곡된 믿음으로 지지되는 믿음의 예다. 이것을 확실히 지지하는 정보는 없다.

부정적인 틀

접수 과정에서 한때 자신을 매료시켰던 배우자의 특정한 성격이 정반대로 부부들의 불평 속에 종종 포함된다는 것을 치료자가 발견하는 것은 매우 흥미롭다(Abrahms & Spring, 1989). 예를 들면, 바바라와 스티브의 경우에서 바바라는 다음과 같이 말하였다. 그녀가 가장 견딜 수 없는 스티브의 성격은 게으르고, 지나치게 요구하며, 까다롭고, 멍하다는 것이다. 아이러니하게도, 후에 바바라가 스티브에게 끌렸던 몇 가지 성격을 물어봤을 때 그녀는 느긋한, 자신의 바람을 잘 표현하는, 정확한, 낙천적인 등의 형용사를 나열하였다.

이런 성격들을 종이 위에 나란히 나열했을 때 바바라는 명백하게 볼 수 있었다. 스티브에 대한 자신의 부정적인 인상은 단순히 한때 긍정적인 특성으로 보았던 것들의 부정적인 면이라는 것이었다. 다음은 이를 요약한 예다.

초기에 스티브의 장점으로 보인 특성		현재 화나게 하는 스티브의 특성
느긋한	→	게으른
자신의 바람을 잘 표현하는	→	지나치게 요구하는
정확한	→	까다로운
낙천적인	→	멍한
열정적으로 연모하는	→	항상 섹스를 밝히는

부부가 부정적인 틀(negative framing)의 개념을 이해하고, 어떻게 이것이 한때는 매력적인 특성으로 여겨졌던 것을 종종 왜곡시키는지를 깨닫기 시작하면, 이것은 강력한 치료적 도구로 기능하게 된다. 이런 전망은 종종 각 배우자에게 어느 정도 희망을 준다. 또한 부부가 자신들의 왜곡을 스스로 조사하도록 돕는다. 더 중요하게는 자신의 생각을 지지하는 증거에 의문을 제기함으로써 인식의 변화가 시작되기도 한다.

일단 부부가 부정적인 틀의 개념을 받아들이고 나면 인지 모델을 강화할 수 있다. 이 기술은 남편과 아내 모두와 함께하는 합동 면담 시간 동안 주로 사용된다. 대안적으로 이것은 개인 면담 중에 사용될 수도 있다. 그 후 합동 면담 중에 부정적인 틀을 좀 더 긍정적인 틀로 재구조화하는 과정을 배우자에게 강조하면서 재검토할 수도 있다.

부부에게 자동적 사고 파악을 교육시키기

관계치료에서 인지 모델의 핵심은 가장 중요한 관계에 대한 자동적 사고와 자신들에 관한 자동적 사고를 확인하는 것이다. 다시 한 번 자동적 사고에 대해서 정의를 내려 보면, 환경 속의 개인이나 생활에 관하여 자연스럽게 발생하는 생각이라고 할 수 있다. 이런 자동적 사고는 부정적이거나 긍정적일 수 있다. 그러나 가장 충돌적인 상황에서는 자동적 사고가 부정적이다. 가장 흔한 부정적인 자동적 사고의 일부는 다음을 포함한다.

- "그가 나를 사랑한다면, 그는 나와 더 많은 시간을 보낼 것이다."
- "그녀는 오직 그녀 자신에게만 관심을 둔다."
- "관계에 희망이 없다."
- "그를 기쁘게 할 수 있는 것은 아무것도 없다."
- "나는 어떤 것도 바르게 할 수 없다."

부부에게 자신의 생각과 배우자의 생각을 관찰할 수 있도록 교육시킴으로써 그들은 자연스럽게 뇌리에 스치는 자동적 사고를 확인하는 기술을 발전시킬 수 있다. 이것은 종종 갈등을 유발하는 감정적인 반응과 행동을 유발시키는 인자들이다.

시간이 지남에 따라 천천히 형성된 기저 믿음으로부터 이런 많은 자동적 사고가 생성되기 때문에, 많은 훈련 시간이 소요되는 확인과 연습 과정을 통해서 교정되고 재구조화된다. 쉽게 표현하자면, 그런 확인은 개인이 상황과 환경에 대하여 "그들이 스스로에게 말하는 것"에 대해 생각해 보도록 해 준다.

자동적 사고를 확인하는 기술을 개선하기 위해 내담자들은 편리하게 이용할 수 있는 용지나 노트북을 가지고 갈등의 순간을 둘러싸고 있는 환경을 간략하게 묘사하도록 지시를 받는다. 이 메모에 포함된 것은 상황묘사, 마음에 떠오르는 자동적 사고, 그리고 야기하는 감정적 반응이어야만 한다. '일일 역기능적 사고 기록지(Daily Dysfunctional Thought Record-center for cognitive therapy, Philadelphia)'의 수정판은 이 목적을 위해 사용될 수 있다. 다음의 내용은 내담자의 노트북에서 발췌한 것이다.

관련된 상황/사건	자동적 사고	감정적 반응
"카렌은 수백 달러까지 은행 당좌예금을 차월했다.	"어쨌든 간에 그녀는 예산에 대한 개념이 없다."	좌절
	"이것은 내가 집에 돈을 더 많이 가져오게 하는 교묘한 방법이다."	화, 분개
"토드는 지난 밤에 또 쓰레기를 가지고 나가지 않았다."	"그는 정말 내가 이 일을 하기를 기대한다."	분개
	"그는 자신이 너무나 훌륭해서 그런 비천한 일을 할 수 없다고 생각한다."	화, 초라함

이런 종류의 기록을 통해 치료자는 부부에게 어떻게 그들의 자동적 사고가 감정적 반응에 연결되었고, 이것이 어떻게 자신의 배우자에 대한 부정적인 틀에 기여하는지를 보여 줄 수 있다.

감정과 자동적 사고를 연결하기

일단 각 배우자가 자동적 사고를 정확하게 파악하는 것을 배우고 나면 생각이 감정적 반응과 연결된다는 것을 더욱 강조한다. 이것은 종종 관계에서 손상을 만드는 충동적인 행동들이 강렬한 감정의 결과로 발생하기에 매우 중요하다. 게다가 각 배우자는 종종 자신이 어떻게 느끼는지에 영향을 미칠 수 있는 자신의 어떤 책임을 인정하지 않으면서, '단지 자신이 어떻게 느끼는지' 의 결과만으로 특정 경험 혹은 상황을 기록한다. 예를 들면, 한 남편이 단순히 더 이상 아내에 대해 감정을 느끼지 못하기 때문에 결혼문제가 해결되도록 노력할 수가 없다고 말한다. 이런 감정은 왜 그의 감정이 둔감해졌는지를 더 명백하게 설명할 수 있는 자동적 사고와 연관시켜 볼 수 있을 것이다.

부부를 위한 유용한 연습은 자신들의 기록지를 재평가하도록 하고 생각과 감정 사이를 연결시키도록 지적하는 것이다. 그러고 나면 그들은 대안적인 반응을 사용하거나 감정에 영향을 미치는 사고를 교정시키는 방법을 사용하게 된다.

심상과 역할극 기법의 이용

자동적 사고와 기저 믿음을 파악하려고 할 때, 특히 감정적으로 흥분된 상황에서 부부는 때때로 갈등영역에 관한 적절한 정보를 회상하는 데 어려움을 겪을 수 있다. 심상과 역할극 기법은 그런 상황에 관한 기억을 불러일으키게 하는 데 매우 도움이 되는 것 같다. 게다가 이런 기법은 부부가 서로에 대한 감정을 되살리는 것을 도와주는 데 유용하다(3장의 시나리오 참조, pp. 59~61). 데이트 기간 동안 서로에게 향했던 오래된 감정을 되살리기 위해 심상을 사용하는 것은 아마 부부가 향후 관계에 대한 노력에 따라 예전에 느꼈던 감정이 다시 생겨날 수도 있다는 사실을 깨닫도록 도와줄 것이다.

치료자는 치료 기간 동안 심상과 역할극 기법을 이용할 수 있다. 치료 초기 단계에 한쪽 혹은 양쪽 배우자가 그들이 더 행복한 때를 회상할 수 없다고 주장할 때 이 기법이 유용할 수 있다. 치료자는 한쪽 혹은 양쪽 모두에게(합동 면담이나 개인 면담 때) 과거 장면 혹은 심상, 즉 초기 기념일, 생일, 결혼기념일, 데이트 기간 등에 초점을 맞추도록 제안한다. 만약 치료자가 각 배우자에게 자신이나 배우자가 무슨 옷을 입었는지, 그들이 있었던 방이 어땠는지, 누구와 함께 있었는지 등에 관한 자세한 부분에 초점을 맞추게 하면, 이런 심상 회기 면담은 더 성공적일 수 있을 것이다. 이와 같은 세부사항은 오래된 감정을 되살리는 촉매제 역할을 할 수도 있다. 이런 연습은 긍정적인 감정 혹은 잃어버렸다고 믿는 감정들을 다시 북돋우어 주기 위해 동기를 불러일으키는 첫걸음의 역할을 하도록 의도되어 있다. 일단 치료자가 각 배우자에게 긍정적인 심상을 촉진시킬 수 있다면, 그다음 그들은 이런 심상에 감정과 긍정적인 자동적 사고를 연결하기 시작할 수 있다.

심상 기법은 특히 모든 사람을 위한 것은 아니고 개인에 따라 때때로 빗나갈지도 모른다. 그러므로 이 기법은 주의를 기울여 사용하여야만 한다. 또한 역할극 기법은 특히 치료 회기에서 비의사소통적인 부부의 감정 혹은 생각을 분출시키기 위해 사용된다. 치료자는 이런 기법을 적절할 때 사용하기 위해 신중을 기해야만 한다.

자동적 사고를 떨치고 자동적 사고를 시험/재구성하기

자동적 사고를 재구성화한다는 것은 대안적인 설명을 고려한 후 그 설명을 개인의 인지 목록 중 한 부분으로 채택하는 과정이다. 이 과정을 성취하기 위해 내담자는 역기능적인 자동적 사고를 시험해 보아야만 한다. 일단 이것이 행해지고 나면, 내담자에게는 자신과 배우자 또는 상황에 대해 다른 관점으로 볼 수 있는 지각의 재구조화가 일어난다.

다음은 남편의 철수적인 행동을 보고 더 이상 자신을 사랑하지 않는다는 믿음을 발전시키는 아내의 예다. 그녀의 생각은 다음의 순서로 발생하였다.

자동적 사고	감정	인지오류
1. 밥은 약 열흘 동안 나에게서 점점 멀어지고 있다. 이것은 우리의 관계에 대하여 뭔가를 의미하는 것이다.	걱정	나와 관련짓기
2. 그가 나를 더 이상 사랑한다고 생각하지 않는다.	슬픔/우울	독심술 지레짐작

이 예에서 1번의 자동적 사고는 걱정의 감정을 일으킨 나와 관련짓기의 한 예다. 그녀는 밥의 행동을 오직 자신과 관련된 것으로만 해석한다. 사실 그는 모든 사람에게 철수된 행동을 하고 있는지도 모른다. 그러고 나서 그녀는 관찰한 것으로부터 지레짐작을 끌어내고 전반적인 부정적 단언을 하며 "그는 나를 더 이상 사랑하지 않아."라고 생각한다.

다음 단계는 존재하는 증거를 살펴보고 대안적인 설명을 고려함으로써 그녀는 자신의 생각을 시험해 보도록 요청받았다.

예를 들면,

이런 생각을 지지하는 증거가 무엇인가?	이 행동에 대한 다른 대안적인 설명이 있는가?
1. "그는 내가 귀가할 때 반가워하지 않는 것 같아."	"아마 다른 어떤 것이 그를 괴롭히고 있는 것 같아. 일이나 경제적 문제인가?"
2. "그는 옛날에 나와 함께 있을 때보다 나에게 덜 다가와.	"그는 나로부터 단지 숨 쉴 시간을 가질 어떤 공간이 당장 필요한 것 같아."

존재하는 증거를 살펴보고 사실상 어떤 강력한 결론을 끌어내는 것이 불충분하다는 것을 확인함으로써 개인은 대안적인 설명을 고려하게 된다. 그녀가 추가적인 자료를 모을 때까지 자신의 부정적인 틀은 매우 줄어들 것이다. 그녀는 오랜 시간 동안 관찰하고 비위협적인 태도로 그를 위축되게 만드는 것이 무엇인지를 그에게 물어봄으로써 부가적인 자료를 수집할 수 있다. 물론 자료를 수집하는 과정에서는 양 배우자에게 의사소통 훈련이 필요할 것이다. 이 훈련은 적어도 그녀가 그에게 접근하기 위해 덜 비난하는 질문을 하면서 어느 정도의 목소리톤으로 이야기해야 하는지를 결정하는 데 도움을 줄 것이다.

대안적인 설명이나 반응을 수치화하기

치료자는 내담자가 대안적인 설명을 얼마나 믿는지는 계속적으로 수치화해 보아야 한다. 내담자가 그 설명을 상당히 믿기까지는 그 설명이 새로운 생각의 한 부분으로 동화되지 않기 때문에 이런 과정은 아주 중요하다. 예를 들면, 이전 시나리오 속의 아내는

0~100% 범위 중 자신의 대안적인 믿음을 50% 정도로 평가하였다.

이 믿음의 평가

나는 이것이 50% 정도 진실이라고 믿는다.

시간이 지날 때마다 새로운 증거가 대안적 믿음을 지지한다면, 치료자는 믿음의 정도가 증가하는지를 관찰해야 한다.

하향식 화살 기법의 사용

하향식 화살 기법(Beck et al., 1979)은 자동적 사고의 예상되는 결과를 추적할 때 사용되는 방법이다. 그래서 내담하는 부부들은 자신들에게 어떤 재앙이 일어날 것 같은지 예상하고 평가할 수 있게 된다. 또한 하향식 화살 기법은 자신의 자동적 사고 기저에 깔린 가정들을 파악하고 숨겨진 두려움을 드러내는 데 사용되기도 한다. 이것은 처음의 생각을 확인함으로써 행해진다. "나는 정말로 바보짓을 하여 망쳤다." 그다음 개인에게 물어본다. "만약 그렇다면 무엇이 문제인가요?"

남편이 자신을 무시한다고 염려하는 한 여자의 예에서 다음의 하향식 화살 기법을 통해 그녀의 생각의 순서와 그녀의 핵심 혹은 숨겨진 믿음을 나타내고 있다.

"지난 2개월 3분기 동안 수표장의 관리를 엉망으로 해 버렸어."

↓

"이런 큰 실수를 하다니 난 바보가 틀림없어."

↓

"이것으로 확실히 남편의 눈에 나는 바보로 보일 거야."

↓

"도대체 그가 진실로 나 같은 사람과 함께 있는 것을 원할까?"

↓

"일단 그가 이것을 알고 나면 그는 아마 나를 버릴 거야."

이 여자에게는 수표장 관리에 그런 실수를 한다는 것은 결정적인 사건이라는 것이 명백하다. 하향식 화살 기법의 사용은 얼마나 진정으로 남편이 그녀를 필요로 하는가에 대해서 의심하고 있다는 사실을 보여 주고 있다. 치료자와 개인은 이런 기법을 통해 생각의 사슬(chaining of thoughts)과 그것이 어떻게 잘못된 결론으로 이끌고 왜곡된 믿음을 강화하는지를 볼 수 있다. 게다가 이 방법은 기저에 깔린 문제가 그녀의 낮은 자신감과 부적절감이라는 것을 확인하게 해 준다.

치료자는 원하는 많은 단계에서 하향식 화살 기법을 사용할 수 있으며, 치료자와 내담자가 핵심 믿음에 도달했다고 느끼는 시점에서 중단시킬 수 있다. 이상적으로는 각 배우자들도 스스로 자신들에게 이 기법을 적용하고 사용할 수 있을 것이다.

왜곡된 생각을 수정하기 위해 증거를 이용하기

이전에도 언급했듯이 생각과 기저 믿음을 재구조화할 때, 왜곡된 생각이 잘못되어 있다는 것을 지지하는 증거에 의존해야 한다. 내담 부부에게는 이런 과정을 배우는 것이 필수적이다. 정보를 수집하는 과정은 개인의 생각과 믿음을 형성하는 데 사용된 정보를 다시 반박할 수 있게 한다. 대부분의 왜곡된 생각은 잘못되거나 오류가 있는 정보로부터 발생되기 때문에, 현재의 생각을 시험하고 변화시키기 위해 새롭게 경쟁하는 증거가 필요하다. 자신의 생각에 대한 증거를 모으고 고려하는 것은 인지치료의 필수적인 부분이다.

증거를 고려하고 예상을 시험하기

증거를 고려하는 기술은 시간이 지남에 따라 발전되어야 한다. 두 배우자들은 변호사나 법정의 병리학자가 결론을 내기 전, 더 많은 자료를 모으거나 각각의 증거를 주의 깊게 고려해 보는 것과 비슷한 방법으로 행동해야만 한다. 각각의 정보를 재평가해 보면서 개인은 주의 깊게 타당성을 고려해야 한다. 증거를 기록하는 것은 개인이 실제 알게 된 것을 살펴보는 데 도움을 준다.

재구조화의 다른 면은 예상을 시험해 보는 것이다. 증거가 불충분해 보일 때 가설을 설정한 후 주어진 상황에서 무엇이 발생할지 예상해 보고, 그 예상을 시험하는 것은 종종 좋은 결과를 가져온다. 이것은 자료를 수집하는 다른 형태다. 예를 들면, 이전 시나리오에서 자신이 수표장 관리를 엉망으로 하였기에 남편으로부터 배척당할 것이라는 두려움을 가진 여자가 남편이 실제로 자신을 배척할 것이라는 가정을 시험하는 과정을 살펴보자. 그녀는 자신의 생각을 평가하고 그들이 같이 생활할 수 있을지 판단하기 위해 의도적으로 남편에게 자신의 두려움에 대하여 물어보고 핵심 증거를 수집하였다. 예상을 시험하는 것은 역기능적 사고를 쫓아 버리는 다른 방법이다.

대안적 설명을 연습하기

부부가 매일 연습을 통하여 자신들의 인지 오류를 다스리는 방법을 배워 왔던 것처럼, 그들은 반드시 매일 수집되는 정보와 연습을 통해 대안적 사고를 다시금 배워야만 한다. 끝으로 갈수록 행동에 대한 또 다른 설명을 할 수 있을 것이고, 이를 실제로 적용할 수 있도록 연습을 하게 된다. 반복연습을 통해 부부는 잘못된 정보로부터 야기되는 오류를 바로잡고, 그들의 생각을 올바르게 재구성하는 방법을 배운다. 집에서 지속하는 과제를 통해, 치료자는 부부가 대안적인 반응과 설명을 자신들의 일상 사고방식에 완전히 접목시키는지 확인할 수 있다. 95쪽에 제시된 남편의 기록지는 앞에서 언급한 일련의 과정의 도식적인 예다.

재구성하기 – 긍정적 관점에서 부정적 부분을 생각해 보기

재구성을 한다는 것은 일련의 모든 정보를 수집하고 그에 대한 증거를 평가하고, 대안적인 설명을 발전시키고, 상대방에 대한 새로운 견해를 가지는 것이다. 이는 한때 내담자가 가졌던 부정적인 생각의 틀을 대체하는 것이다. 이것을 달성할 수 있는 또 다른 방법은

상황	자동적 사고	감정적 반응	숙고하거나 의문점을 가질 만한 증거	가설 및 예측
"카렌은 내 수표장으로 몇백 달러나 사용한도를 넘었어."	"그녀는 절약이라는 개념 자체를 모르는군." "나보고 생활비를 더 달라고 이런 식으로 압력을 주는군."	좌절감 분노와 분개	"그녀가 사용한도를 초과하긴 했지만, 그녀가 사치한다거나 나에게 돈을 더 원하는 것이라고 믿을 만한 근거는 없지."	"그래, 그녀가 실수로 그랬을 가능성도 있지."

증거 수집 (재구성)	대안적 반응	감정반응
아내에게 수표장 사용한도를 초과했는지 알고 있었는지 물어본다. –그녀는 모르고 있었고 매우 놀라 보였다.	그래 사실이 아니었구나. 나를 괴롭히려고 작정한 게 아니었다. –그저 그녀가 실수를 했다.	화가 덜 난다. – 그녀의 단순한 실수다.

긍정적인 관점에서 부정적인 속성을 바라보는 것이다. 이것을 단순히 긍정적인 사고의 힘과 혼동하여서는 안 된다. 실제적인 정보를 고려할 때, 이것은 다른 현실적인 관점으로 사람이나 상황을 바라보는 좀 더 체계적이고 정확한 방법이다. 이는 하룻밤 사이에 생기는 것이 아니다. 부부는 점진적인 변화에 대해 항상 주의를 기울여야 한다. 치료자는 부부에게 새로운 정보를 수집하여 통합시키고, 일관되게 바라볼 수 있는 연습을 하도록 도와주어야 한다. 이 과정은 7장의 사례에서 자세하게 기술되어 있다.

긍정적인 관계의 발전

인지적 개입에 더하여, 인지치료는 행동의 변화를 강조한다. 이전에 언급했듯이 행동에 관한 과제들은 부부에게 관계의 질을 향상시키고, 새로운 기술을 강화하고, 믿음에 대한 타당성을 시험할 수 있게 한다.

인지치료자는 치료를 시작하면서 가끔 부부에게 부부관계를 긍정적인 관계로 증폭시킬 수 있는 과제를 주기도 한다. 스튜어트(R. Stuart)는 이런 유형의 행동과제를 '관심 갖는 날(Caring Days)' 이라고 처음 설명하였다(Stuart, 1980).

'관심 갖는 날' 이라는 개입은 부부가 서로를 가장 사랑했던 '그때처럼' 아직도 서로를 사랑하는 것처럼 배우자에게 행동하게 한다. 부부 각자가 자신을 위해 배우자가 해 준 행동 중 자신이 좋아하는 아주 작지만 특이하고 긍정적인 행동을 상세하게 적어 온다. 이런 작은 행동은 갈등의 정점에 있을 때 존재하지 않았던 것들이다.

치료자와 함께 검토한 후 부부는 매일 배우자를 위해 할 수 있는 행동 목록을 맞바꾸고 목록 중 적어도 다섯 가지 이상을 하겠다고 동의한다. 이런 과제를 주는 이론적 근거는 다음과 같다.

> 우리의 관계는 일찍부터 문제점을 가지고 있었지만, 동시에 배우자로부터 질책(difficulties)보다는 칭찬(rewards)이 어울리는 많은 긍정적인 것을 가지고 있었다. 시간이 흐르면서, 대부분의 부부들은 서로에 대해 점점 긍정적인 것을 실행하려는 노력들을 줄여 나간다. 그런 까닭에 점점 긍정적인 면보다 문제점이 부각되고, 그럴 때면 우리는 관계에 대한 근본적인 가치에 대해 의문을 제기하게 된다.
>
> '관심 갖는 날' 이라는 연습 기간 동안, 관계 속에서 긍정적인 일을 많이 찾아낼수록 당신은 어떤 변화가 일어나는지 실제로 경험하게 될 것이다. 당신이 화가 나 있든, 때로는 원하지 않든 간에 이런 긍정적인 일을 하는 것은 매우 중요하다. 하루에 적어도 다섯 가지 긍정적인 일을 하는 것이 당신의 의무다. 이 기간 동안에는 당신의 배우자가 당신을 어떻게 느끼고 있느냐가 중요한 것이 아니다. 대신 우리는 당신이 행하는 긍정적인 행동으로 관계가 다시금 긍정적으로 복원된다는 것을 볼 것이며, 그래서 함께 문제를 해결하는 것이 좀 더 가치 있는 것임을 알게 될 것이다.

당신의 긍정적인 행동에 따른 작은 변화는 부부관계에서 의미심장한 효과를 발할 수 있다. 대부분의 부부들이 관심 갖는 날의 연습을 시작한 지 1~2주가 지나면 서로에게 얼마나 긍정적으로 느끼게 되는지 알 수 있다. 가끔은 이를 통해 그들의 관계에서 또 다른 좋은 추억이 자연스럽게 떠올려지기도 한다. 이런 행동의 시도는 변화에 대한 긍정적인 기대를 이끌어 낼 수 있다. 또한 이는 부부가 가정에서 상호관계에 대해 협력하는 방법을 알게 한다. 많은 부부들이 치료 과제로 관심 갖는 날을 끝낸 이후로도 서로에게 관심을 가지는 노력을 계속하기도 한다.

의사소통 훈련과 문제해결

대부분의 부부치료에서 좀 더 효과적인 의사소통법과 문제해결 방법을 가르쳐 주는 것은 기본적인 치료 요소가 된다. 앞서 2장에서 언급했듯이, 인지치료는 제이콥슨(N. S. Jacobson)과 마르고린(G. Margolin), 스튜어트와 같은 행동주의 부부치료자가 목표를 이루기 위해 개발한 방법에서 유래되었다(Jacobson & Margolin, 1979; Stuart, 1980). 부부 의사소통에 대한 더욱 상세한 정보는 고트만(J. Gottman) 등의 논문(Gottman, Notarius, Gonso & Markman, 1976)을 살펴보기 바란다.

인지치료는 환자에게 교육적인 방법으로 접근하므로 치료과정에 의사소통 훈련을 병합하는 것이 용이하다. 문제해결과 올바른 의사소통을 방해하는 잘못된 믿음을 경계하면서, 인지치료자는 중요한 믿음에 대해 확인하고 시험하는 인지치료적 접근과 함께 전통적인 의사소통 방법을 통합시킬 수 있다.

다음 내용에서는 부부에게 의사소통과 문제해결 기술을 교육하는 방법이 간략하게 언급한다. 부부가 이런 기술을 배우고 훈련하는 것을 방해하는 일반적인 믿음이 확인된다. 이런 믿음에 치료적으로 반응하는 방법도 역시 언급될 것이다.

의사소통 기술을 가르치기

연구자들(예: Geiss & O' Leary, 1981)은 어려움을 겪는 관계 속에서 가장 흔하고 상처받는 문제로 치료자와 부부 모두가 의사소통의 어려움을 꼽는다는 것을 발견하였다. 많은 부부들이 치료자에게 와서 "우리는 서로 의사소통이 좀 더 원활하게 이루어져야 해요."라고 말한다. '의사소통' 에 대한 도움을 요청하는 것을 다르게 해석하면, 이는 "나는 배우자가 나를 좀 더 이해해 주면 좋겠고, 나에게 동의해 주면 좋겠고, 내가 원하는 일들이 좀 더 원활하게 진행되면 좋겠어요."라고 표현할 수 있다. 그러므로 치료자의 첫 번째 치료 작업은 부부가 올바른 의사소통에 반드시 동의가 따라야 할 필요가 없다는 것을 이해할 수 있도록 돕는 것이다. 그 대신에 치료자는 올바른 의사소통이란, 서로의 의견에 불일치가 있을 때 이상적으로 이를 해결하는 방법에서부터 서로에게 이해하고 있다는 것을 전달할 수 있게끔 듣고 말하는 방법을 배우는 과정이 포함된다는 것을 알려 준다. 그다음 첫 번째 치료 목표는 부부가 서로의 이득을 위해 기싸움을 하고 논쟁하는 것보다 서로 간에 이득을 취하는 과정으로 의사소통을 바라볼 수 있도록 도와주는 것이다. 올바른 의사소통을 위한 가장 좋은 방법 중 하나는 부부가 서로 돌아가면서 말하고 듣는 기본적인 의사소통 훈련을 시키는 것이다. 부부는 각각 좋게 말하는 사람과 잘 들어주는 사람이 되기 위한 자질에 대해 지도를 받는다(Beck, 1988).

치료자는 훈련 동안 부부가 가장 크게 성장해야 하는 부분에 개입할 수 있고, 능동적으로 지도할 수 있다. 이렇게 매우 구조적인 의사소통 훈련을 하고 나면, 치료자는 부부에게 일상적인 대화와 훈련이 얼마나 유사한지, 또는 얼마나 상이한지에 대해 물어보고 그에 대한 피드백을 얻을 수 있다. 이는 부부가 연습을 하는 동안 어떤 부분을 좋게 받아들이는지, 어떤 부분을 힘들게 느꼈는지에 대해 확인을 하는 작업이므로 매우 중요하다.

치료자는 부부가 이 훈련을 통해 한 팀으로서 행동을 할 때의 이점을 느낄 수 있도록(각각의 역할에 걸맞게 서로 다른 임무를 할 수 있도록) 돕는다. 같은 의미에서 치료자는 부부가 늘 체계적인 방법으로 서로의 이야기를 들어 주어야 하는 것이 어려울지라도, 이렇게 하는 것이 서로의 관심사를 더욱 잘 이해할 수 있고, 서로에 대해 더욱 잘 알 수 있는 결정적인 방법임을 발견할 수 있도록 돕는다. 이는 서로가 문제를 해결하고 분노확산을 막는 것에 큰 도움이 된다. 아래의 대화는 그런 과정을 설명하고 있다.

> 치료자: 패츠와 크리스 씨, 오늘은 우리가 서로에게 말하는 다른 방법에 대해 연습하기로 계획했지요? 오늘 우리의 목표에 대해 모두 동의하시지요?
>
> 패츠와 크리스: 네.
>
> 치료자: 우리가 의논할 만한 주제를 생각해 보도록 하지요. 근래

의 몇몇 치료 시간 동안 우리가 다루었던 갈등에 대해 계속해서 이야기할까요? 아니면 이와 관련하여 이야기하고 싶은 주제라도 있습니까?

크리스: 우리는 이번 주 내내 토요일 저녁에 할 수 있는 일을 정하는 것에 대해 논쟁했어요.

치료자: 패츠, 그럼 이 주제에 대해 이야기해 보는 것이 괜찮겠어요?

패 츠: (고개를 끄덕임.)

치료자: 좋아요. 처음에는 이렇게 하는 것이 인위적이라 부자연스러울 수 있지만, 우리는 "운동경기처럼 각자 규칙을 가지고 말하고 이야기를 들을 거예요." 운동선수가 공평하게 게임을 치르기 위해 정해진 지침을 따른다고 생각하시면 되겠어요. 자, 먼저 규칙에 대한 설명을 할게요. 각자는 한 번씩 말하는 사람이 되고, 또 들어 주는 사람이 될 거예요. 말하는 사람은 지켜야 할 몇 가지 규칙이 있고, 듣는 사람은 그것보다 조금 더 까다로울 수 있어요. 듣는 분은 제가 옆에서 지도를 해 드리죠. 자, 누가 먼저 이야기를 하고 싶으시죠?

패 츠: 제가 하죠.

치료자: 예. 패츠. 말하는 사람으로서 당신은 크리스에 대해 토요일 저녁 계획에 대해 어떤 생각을 하고 어떻게 느끼고 있는지 설명해 보세요. 되도록 짧게 설명하세요. 어떤 사람이 계속해서 같은 말을 한다면, 어떻게 느낄지 아시죠? 또한 당신이 말하고자 하는 요점에서 벗어나지 않도록 노력하세요. 크리스에 대해서 말하기보다, 당신이 무엇을 느끼는지에 대해서 말

하세요. 예를 들어, "당신은 나의 감정에 대해서는 전혀 고려하지 않아!"라고 말한다면, 이는 상대방을 비난하는 방식이죠. "당신이 이렇게 할 때 난 이런 감정이 생기는데, 당신은 내가 어떻게 느끼는지에 대해 좀 들어 주면 좋겠어."라고 말할 수 있도록 해 보세요. 이해하시겠죠?

패　츠: 네.

치료자: 자, 크리스, 당신은 처음에는 조금 더 어려운 역할입니다. 듣는 사람으로서 당신은 두 가지 목표를 가지고 있어요. 첫 번째는 토요일 저녁 계획에 대해 패츠가 생각하고 느끼고 있는 것에 대해 가능한 한 많은 것을 찾으려고 노력하세요. 좋은 경청자가 되기 위해 당신은 당신이 할 수 있는 많은 것을 배우기를 원할 것입니다. 당신이 생각하기에 패츠가 말하는 것들이 틀렸거나 당신을 화나게 만들 수 있기 때문에 이렇게 하는 것이 매우 어려울 수 있을 거예요. 그렇지만 듣는 사람으로서 상대방에게 동의하지 않거나 당신의 생각을 말대꾸로 하면 안 됩니다. 그 대신 잘 들은 후에 질문은 할 수 있습니다. 단, 비평을 하면 안 되고요. 이해하시지요?

크리스: 예.

치료자: 자, 덧붙이자면 이렇게 5분 동안 한 후에 저는 크리스가 패츠의 입장을 완전히 이해하고 있는지 정확히 확인하고자 크리스에게 패츠가 한 이야기를 요약해 보도록 할 것입니다. 만약 당신이 무엇인가를 빠뜨렸다면 패츠가 당신이 알아차릴 수 있도록 해 줄 겁니다. 이런 방식으로 이야기를 모두 마친 후에, 우리는 역할을 서로 바꾸어서 당신이 말하는 쪽이 되고 패

츠가 당신의 관점을 듣는 쪽이 될 겁니다. 자, 두 분 다 준비되셨나요? (고개를 끄덕임.) 패츠, 토요일 저녁에 대해 당신이 생각하고 느낀 것에 대해 이야기를 시작해 주겠어요?

패　츠: 음……. 나는…… .(패츠는 약 2분에 걸쳐 자신이 토요일 저녁에 나가서 외식을 하고 영화를 보고 싶어 했던 이유에 대해 설명했다.)

크리스: 그렇지만 그냥 집에서 쉬면서 비디오를 보고, 저녁은 배달시켜 먹어도 재미있을 거라고 생각하지 않아?

치료자: 잠시만요. 크리스. 첫 번째 질문인 것 같은데, 패츠의 관점에 대해 좀 더 알아보려는 질문이 아니었어요. 이는 검사가 증인을 교차 심문하는 것처럼 보이네요. (모두 웃음.) 뭐, 좋아요. 우리 모두 여기서 뭔가를 얻었네요. 모든 질문들이 우리가 잘 듣게끔 도와주는 것은 아니지요. 어떤 질문들은 오히려 더욱 분노하고 불꽃 튀도록 논쟁하게 만들 수도 있어요. 자, 크리스, 좀 더 패츠의 생각에 흥미를 가졌다는 것을 보여 줄 수 있는 질문을 하도록 해 봐요.

크리스: 글쎄요. 잘 모르겠어요.

치료자: 그럼 패츠가 외식을 하는 것과 집에서 배달을 시켜 먹는 것에 대해 어떻게 다르게 느낄지를 알고 있나요?

크리스: 우리가 외식할 때 자기의 느낌은 어때?

패　츠: 우리가 외식하러 나갈 때면 난 좀 더 특별한 느낌을 받아. 자기가 나와 있길 원하고 있고, 우리가 데이트하는 느낌이랄까.

크리스: 그럼 집에서 있을 땐 그런 느낌을 못 받아?

치료자: 좋은 질문이에요. 크리스. 이제야 패츠의 감정적인 경험에 대해 묻기 시작하는군요. 자, 패츠, 대답해 볼까요?

패　츠: 음. 그건 똑같지 않지. 난 집에 항상 있잖아. 어떻게 하루 종일 있는 똑같은 공간 속에서 낭만적인 감정을 쉽게 느낄 수 있겠어.

(패츠와 크리스는 몇 분간 이런 식의 대화를 주고받았다.)

치료자: 아주 좋아요. 크리스. 자, 이제 당신이 계속 듣고 있었던 패츠의 생각에 대한 요점과 느낌에 대해 요약해 줄 수 있겠어요?

크리스: 패츠는 하루 종일 집에서 일을 하기 때문에 집에서는 낭만적일 수 없다고 느껴 외식을 하고 싶어 하죠. 그리고 패츠는 우리가 밖에 있을 때 내가 좀 더 자신에게 관심을 가지는 것처럼 느끼는 것 같아요. 내가 평일엔 늦게까지 야근을 하고 주말에는 잡일을 하니 패츠가 좀 외롭게 느끼는 것 같네요.

치료자: 패츠, 크리스가 중요한 것인데 간과한 것이 있나요?

패　츠: 아뇨. 그게 거의 다죠.

치료자: 이번 시간의 대화가 이번 주의 다른 시간과 비교해서 비슷했어요? 아니면 좀 달랐어요?

패츠와 크리스: 아주 많이 달랐어요.

치료자: 어떻게 달랐지요?

패　츠: 이전에는 크리스가 내 말을 들어준다고 느낀 적이 없어요. 서로에게 너무 화가 나서 싸우고 그랬지요.

치료자: 그럼 바로 지금 당신이 어떻게 느끼는지 크리스에게 이

야기해 주세요.

패　츠: 지금은 정말 좋아요. 당신이 내 말에 귀 기울이는 것 같았거든요. 한 번이라도 내 말을 잘 들어 주었기 때문에 좀 화가 덜 날 것 같아요.

치료자: 크리스, 이 상황이 당신에게는 어땠나요?

크리스: 지금 무슨 질문을 해야 할지 모르겠어요. 그리고 화내기도 좀 어렵겠지만, 내가 의견이 맞지 않을 때 또 어떻게 해야 할지 모르겠네요.

치료자: 좋아요. 매우 중요한 요점입니다. 동의하지 않는 상황에서 잘 듣는다는 것은 매우 어렵지요. 그래도 어쨌거나 이야기를 들어주었을 때 어떤 장점이 없었나요? 새로운 것을 배우지는 않았나요?

크리스: 글쎄요. 늘 집에만 있어 본 것이 아니라서, 사실 똑같이 실감할 수는 없겠지요. 저는 집에 도착해서 그대로 있을 때 너무 편안하게 느끼거든요.

패　츠: 난 집에 벌레가 빌붙은 것처럼 느낀다고 자기에게 수없이 말했어!

치료자: 좋아요. 그러나 오늘 드디어 크리스가 당신의 말을 들었군요. 크리스, 왜 오늘 다른 때에 비해서 패츠가 당신이 이야기를 더 잘 들어 준다고 생각할까요?

크리스: 우리가 대화할 때를 돌이켜 보면 패츠가 뭔가를 말하면 그게 저를 비판한다고 느껴져서 전 항상 변명거리를 생각하고 있었던 것 같아요.

치료자: 오~! 그건 아주 중요한 점이군요. 오늘 패츠가 좀 다르

게 이야기했나요?

크리스: 예, 훨씬 침착하고 조용하게 말했지요.

치료자: 패츠, 당신이 침착하고 조용하게 말한 이유가 제가 여기 있었기 때문인가요? 아니면 다른 무언가가 있었나요?

패　츠: 크리스가 내 말을 들을 것을 알고 있었기 때문에 굳이 소리쳐야 할 필요가 없었지요.

치료자: 그래요. 우리가 이렇게 "규칙 속에서 듣고 이야기하기"를 해 보니 몇 가지 장점을 발견할 수 있었어요. 자, 그럼 두 분이 의사소통하던 이전 방식과 비교해서 어떤 장점을 배웠는지 저에게 요점정리해서 각자 이야기해 주시겠어요?

(패츠와 크리스가 요약함)

치료자: 좋아요. 자, 이제 우리 두 분의 역할을 바꾸죠. 이제 우리는 크리스가 토요일 저녁에 무엇을 생각하고 느끼는지 들어보기로 하죠. 패츠가 이야기를 듣고 질문하는 데 제가 지도를 하겠습니다. 이것이 끝나면 크리스의 관점에 대해 패츠가 다시 요약을 하도록 하죠. 준비되었지요?

(이 연습과정에서 치료자는 패츠가 적절한 질문을 생각할 수 있도록 도와주고, 크리스와 패츠가 '규칙을 깨지 않도록' 하면서, 좋은 질문에 대해서는 간헐적으로 지적해 주면서 계속 반복하였다.)

치료자: 오늘 두 분은 새로이 듣고 말하는 방법에 대해서 배우는

데 모두 잘하셨어요. 다음 주에는 이 주제를 가지고 다음 단계인 문제해결 방법과 갈등해소에 대해 배우기로 하죠. 두 분 다 훨씬 편안해질 수 있을 겁니다. 그때까지는 이번 주 동안 배운 말하고 듣는 방법에 대해 연습하는 것이 어떨까요?

패츠와 크리스: 네, 그러죠.

치료자: 우리 정리해 볼까요. 두 분 다 말하고 듣는 규칙에 대해 잘 기억하기 위해서 적어 보도록 하죠. 이번 주 연습하는 동안에는 좀 가볍고 쉬운 주제를 가지고 서로 이야기하길 권합니다. 이 방법에 대해 좀 더 익숙해질 때까지는 두 분이 싸울 만한 중요한 논쟁거리는 집에서 다루지 말고 치료 시간에 다루도록 하지요. 두 분 다 아시겠죠?

(패츠와 크리스는 동의했고, 집에서 언제 이 과제를 해야 할지에 대해 간단히 의논했다.)

앞서 인용했던 예를 살펴보면, 치료자는 인지치료의 원리인 협력주의를 사용하였으며, 부부가 습득하고 있는 새로운 기술을 사용할 때 얻을 수 있는 이득을 발견(discovery)하도록 도왔다. 부부로 하여금 이런 방식의 의사소통을 할 때의 이점에 대해 자신들의 언어로 말하게 하고, 그들의 경험을 비추어 보도록 하는 데 치료자가 질문을 사용해 안내하고 있다는 것을 주목해 보자. 이런 방식으로 내담자의 발견 과정을 조금씩 구체화(Shaping)함으로써, 치료자는 부부에게 이미 배운 기술을 연습하려는 동기를 증가시킬 수 있으며, 습득된 기술을 통합시키는 것을 도울 수 있다. 자신의 경험을 스스로

분석하면서 배우는 것이야말로 인지치료의 철학이라 할 수 있다. 자신이 경험해 보지 못한 것에 대한 교훈적인 강의보다 이런 방법이 훨씬 더 선호되는 방법이다 .

의사소통 기술을 습득하는 데 방해가 되는 일반적인 어려움

어떤 사건에 직면했을 때 당연히 자신에게 유리한 방향으로 해석하려는 경향들이 있으므로, 부부에게 배우자의 관점에서 듣도록 가르치는 것은 매우 중요하다(Tyler & Devinitz, 1981). 그러나 새로운 의사소통 기술을 배우고 연습하는 부부의 능력을 방해하는 몇 가지 요소가 있다. 세 가지 일반적인 어려움은 대인관계 기술의 결핍, 격렬한 감정 상태, 그리고 방해하는 믿음이다.

대인관계 기술의 결핍 어떤 사람은 전혀 갈등이 없는 상황에서조차도 기본적인 대인관계 기술이 부족하다. 결핍에 대해 평가하는 방법 중 하나는 배우자가 일상적인 상황이나 타인과의 관계에서 말하고 듣는 데 어려움이 있는지 물어보는 것이다. 치료 시간에 치료자와 이야기하고 듣는 배우자의 모습을 관찰하며 문제 영역을 평가하는 것도 좋은 방법이다.

이런 어려움은 기질적인 학습장애(복잡한 청각 입력 과정의 어려움)부터 타인과의 관계에서 감정이입을 하지 못하거나 타인의 감정을 의식하지 못하는 심리적인 문제까지 다양할 수 있다.

그래서 기질적인 문제가 원인이 되는지 아닌지를 판단하는 데 신경정신과적 검사와 같은 추가 검사를 하는 것이 반드시 필요할 수 있다. 기질적인 문제로 취약해진 부부라면 이 점을 고려하여 교육하는 것이 매우 중요하다. 치료자와 부부는 부부 중 결함을 가진 쪽을 돕기 위해 의사소통 방법의 변화(예: 시각적 정보처리를 위해 대화의 주요한 요점을 적어 가면서)를 통해 문제해결 방법을 찾을 수 있다.

만약 심리학적으로 학습장애가 있을 경우는 부족한 기술을 지도하는 데 몇몇의 개별치료시간이나 부부치료시간이 더 필요할 수 있다. 예를 들어, 성인이 자신의 감정을 의식하지 못할 때나 자신의 감정에 동조되지(attuned) 못할 때 각기 다른 신체감각을 인지시키거나 감정의 목록을 제공하는 것으로 도움을 줄 수 있다. 어떤 상황을 불편하게 느꼈던 경험의 목록으로부터 감정을 파악하는 것과 같은 과제를 수행하다 보면, 짧은 시간 안에 개인 감정에 대해 훨씬 더 많이 인지하게 되는 것을 발견할 수 있다.

격렬한 감정 대부분의 부부는 자신들이 매우 화가 났을 때나 불안할 때나 우울할 때 의사소통을 하는 데 많은 어려움을 호소한다. 실제로 고도로 각성된 감정은 인지정보처리 과정의 오류와 서로 상관관계에 있다(Beck, Emery, & Greenberg, 1985; Beck et al., 1979). 만약 혼자 또는 양쪽 모두가 격분해 있는 상태라면, 그 부부가 의사소통 연습을 쉽게 완수하리라 기대하기는 어려울 것이다.

그러므로 부부에게 새로운 의사소통을 전략적으로 연습시키기 위해서는 격한 감정을 먼저 절제하는 것부터 지도하는 것이 매우 중요하다. 만약 부부 중 한 명이 임상적으로 불안하거나 우울한 경우(부부 갈등 이외의 문제에서라도), 고민을 완화시키기 위해 개별치료를 먼저 실시하는 방법을 고려해 볼 수 있다.

부부의 원활한 의사소통 기술을 연습하는 데 가장 많이 방해되는 격한 감정은 분노다. 부부는 자신들을 화나게 만드는 것을 새로운 의사소통 방식으로 전달하는 방법을 배우는 것이 꼭 필요하지만, 그렇게 하기 위해서는 분노의 강도가 약하거나 중간 정도일 경우에만 이것을 이야기해야 최선의 결과를 얻을 수 있을 것이다. 그러므로 부부는 그들의 관계가 건설적이기보다 파괴적으로 치달을 수 있을 만큼 화가 나게 되면 상호적으로 '타임아웃' 을 실천할 수 있도록 교육받아야 한다.

벡(A. T. Beck)은 부부가 서로의 분노 정도나 통제 가능 정도를 확인할 수 있도록 '색깔 구간(color zones)' 이라는 개념을 도입하였다(Beck, 1988). 파랑 구간은 평온한 감정을 나타내는 범위로 의사소통을 원활히 할 수 있는 가능성이 있다. 노랑 구간은 화가 나 있지만 아직은 생각이나 말, 행동을 통제할 수 있는 감정상태를 나타내는 범위다. 빨강 구간은 매우 화가 나 있어서 배우자에 대해 극도로 부정적인 생각을 하고 있으며, 말이나 행동을 전혀 통제할 수 없어 때때로 상대방을 공격할 수 있는 감정상태를 나타내는 범위다.

처음 의사소통 기술을 교육받는 부부는 파랑 구간 내의 감정상태일 때만 의사소통을 연습할 수 있도록 한다. 부부의 의사소통 기술이 조금씩 숙련되면 노랑 구간의 감정상태에서 빨강 구간으로 넘어서지 않도록 적극적으로 서로 노력할 수 있게 된다. 빨강 구간이 상대방에 대한 공격으로 규정된 만큼, 만일 부부의 감정상태가 빨강 구간으로 들어선다면 그 시점에서는 서로 토론하는 것을 멈추도록 하고, 누구든지 어느 때고 '타임아웃' 을 부를 수 있다.

타임아웃은 부부에 따라 필요하다면 조금 더 길어질 수는 있지만 대부분 5분 정도로 짧은 시간을 가지게 되는데, 서로가 침착해질 수 있는 시간을 가져서 보다 더 건설적인 감정 구간으로 들어가고자 하는 소정의 목적이 있다. 치료 시간 동안 타임아웃에 대한 지침 내용에 대해 확실하게 숙지시키는 것이 중요하다. 예를 들어, 부부가 타임아웃 동안에 서로를 호용해 줄 수 있는 장소에 대해서도 미리 의논해 두는 것이 좋다. 한 부부를 보면, 서로 다른 방에 있는 것은 괜찮았지만 한쪽이 집을 나가 버리면 상황은 매우 악화되었다. 또 다른 부부에게는 오히려 한쪽이 집에서 나가 버리는 것이 신체적인 폭행의 위험을 감소시키기 위해 바람직한 방법이었다.

부부 사이에 신체적 학대의 가능성이 있다면 폭행으로부터 개인의 안전을 지키는 것이 가장 우선적으로 고려되어야 할 것이다. 일방적이거나 쌍방적인 신체적 학대의 병력이 있는 경우는 신체적 안전이 보장될 때까지 일정 기간 서로 완전히 분리시키는 것이 필요할 수 있다. 배우자 간의 신체적 학대를 감소시키는 전략에 대해 다룬 많은 문헌들이 있다(Gangley, 1981; Neidig & Friedman, 1984; NiCarthy, 1982; Saunders, 1982; Sonkin & Durphy, 1982). 학대하는 배우자를 다루는 치료자는 반드시 각각의 임상 사례의 특별한 역동과 부부에게 도움이 될 수 있는 지역사회 자원(예: 가정폭력 피해자를 위한 보호소, 폭행자 그룹 치료 등)들에 대해 익숙해져 있어야 한다.

방해되는 믿음 많은 부부는 원활한 의사소통 기술을 스스로 습득할 수 있는 가능성을 가지고 있지만 중간 정도로 화가 나 있는 상황에서조차도 이 기술을 시험해 보지 않는다. 부부는 진심으로 그들의 관계를 향상시키고 싶지만, 노력의 정도는 미약해 보일 수 있다. 이런 상황은 치료자를 당황스럽게 하거나 좌절하게 한다. 이런 상황을 '저항'을 나타내는 신호로 해석하기보다는 인지치료에서는 이를 의사소통과 변화에 대한 노력을 방해하는 주요한 사고와 가정이 존재한다는 신호로 본다.

변화를 막는 가장 큰 장애물은 절망일 것이다. 일반적으로 절망적인 믿음은 "그 사람은 절대 변하지 않아." "우린 너무 늦었어." "우리의 문제는 해결될 수 없어." "서로 이해하기에는 우린 너무 달라." "우리가 이야기하면 할수록 상황은 더 나빠질 뿐이야." "내 노력으로는 아무것도 변하지 않아." 등이 있다.

치료 초기에는 대부분의 부부가 상당히 절망적인 믿음을 가지고 있기 때문에 치료 전반부에 언급해야 할 이런 믿음을 치료자가 적극적으로 탐색하고 확인하는 것은 매우 중요하다. 이런 믿음을 언급하지 않았으면, 3장(p. 50)에 소개되었던 '변화에 대한 믿음 질문지'(Beck, 1988)—치료를 더디게 할 수 있는 절망감과 태도에 관한 14개 영역을 평가—를 통해 믿음의 유형을 파악하고 분리할 수 있다.

절망적인 믿음이 확인되었다면 치료자는 부부가 그것을 검증해 보는 것을 도우면서 믿음을 변화시킬 수 있다. 예를 들어, 만약 한 명이 상대방은 절대 바뀔 수 없을 것이라고 확고히 믿고 있을 때, 이를 실험할 수 있는 상황을 만들 수 있다. 다음의 치료는 이런 과정의 실례다.

> 앤: 난 잘 모르겠어요. 여기 있을 때는 그가 변하겠다고 말하죠. 하지만 전 그를 잘 알아요. 여기를 나서자마자 그는 아무것도

안 할 거예요.

치료자: 앤, 매우 중요한 점을 지적하셨군요. 만약 당신의 말이 사실이라면 집에서 당신이 그것들을 변화시켜 보려는 노력에는 어떤 영향을 미칠 것 같아요?

앤: 참 나, 전부 장난해요? 아마 그는 자신이 노력은 했다고 말하겠죠. 그리고 모두 내 탓을 하겠죠.

치료자: 제 짐작에는 당신도 또 다른 노력을 시도하는 것이 싫은 것처럼 보이는군요. 당신은 절망적으로 느끼고 있어요.

앤: 네. 그래요. 난 좌절했어요.

치료자: 그럼, 우리 모두 좌절하기 전에 당신의 생각이 맞는지 확인해 보는 것은 어떨까요? 만약 토니가 변하지 않는다면 그것이 무얼 뜻하는지, 무엇을 해야 할지 우리 모두가 함께 찾아보는 거죠. 그러나 만약 토니가 변한다면, 토니에 대해서나 당신의 결혼생활에 대해 좀 더 좋게 생각할 수 있지 않을까요?

앤: 네. 그렇겠죠.

치료자: 우리가 이야기하고 있었던 것은 토니가 당신을 좀 더 사랑하는 것처럼 대해 주길 바란다고 하는 것이었는데요. 만약 이번 주에 그가 변한다면 당신은 그것을 어떻게 알 것 같아요?

앤: 그가 저를 비난하지 않는다면 알겠죠.

치료자: 좋아요. 요즘은 그가 얼마나 자주 당신을 비난하죠?

앤: 항상요.

치료자: 하루에 몇 번이나요?

앤: 아마도 20번은 넘겠죠.

치료자: 20번이요. 좋아요. 그가 변하려고 노력했고 그래서 좋

아졌다고 합시다. 하지만 아직도 당신을 비난하긴 합니다. 예를 들자면, 하루에 10번 정도 당신을 비난하겠죠.

앤: 그건 그가 저를 사랑하지 않는 거죠!

치료자: 그래요. 우리가 비난을 당할 때는 사랑 같은 것은 확실히 느낄 수가 없어요. 하지만 우리가 당신의 관계에서 사랑을 다시 만들기 전에, 우리는 변화가 정말 가능한지를 먼저 찾아야만 하지 않을까요?

앤: 네.

치료자: 혹시 당신은 오래된 습관을 바꿔 보려고 한 적이 있나요? 예를 들어, 컴퓨터 프로그래머로서 원래 사용하던 익숙한 소프트웨어를 다른 것으로 바꿔서 다른 방법을 익혀야 하는 식이죠.

앤: 물론이죠.

치료자: 그럴 때 당신의 습관이 100% 즉시 바뀌던가요?

앤: 아니요. 새로운 시스템에 적응할 때까지 처음에는 엄청나게 실수를 많이 하겠죠.

치료자: 맞아요. 우리가 무엇인가 바꾸려 할 때는 항상 그렇죠. 우리가 정말 노력을 한다 해도 아무 생각 없이 그저 하던 대로 하기도 해요. 그렇지만 계속해서 바꾸기 위한 노력을 한다면 조금씩 조금씩 나아지겠죠. 토니도 변화하기 위한 시간이 필요한 거예요. 20번의 비난이 10번으로 줄어든다면 그건 정말 변화하기 위한 노력의 신호인거죠.

앤: 무슨 말씀이신지 알겠어요. 하지만 모든 비난은 제게 상처가 된답니다.

치료자: 아, 그건 정말 중요하지요. 여기서 우리가 두 가지를 해야만 할 것 같군요. 첫 번째로 토니가 몇 번을 비난하는지 계속해서 기억해 주세요. 비난하는 횟수가 줄어드는지 봐야 하니까요. 만약 당신이 기억하지 못한다면, 정말 그가 변하고 있는데도 단 한 번의 비난을 가지고 그가 변하기 위해 노력하지 않는다고 단정 지을 수 있어요. 두 번째로 그가 하는 비난에 대해 내용을 좀 적어 왔으면 좋겠어요. 그래서 어떤 비난으로 당신이 상처받고 있는지 알고 도움을 줄 수 있겠고, 또 토니가 어떤 비난의 패턴을 가지고 있는지 알고 변화할 수 있도록 도울 수 있겠죠.

앤: 네. 시도해 볼게요.

치료자: 토니, 앤이 당신이 하는 비난에 대해 진술하고 횟수를 기억해 보는 것에 대해 어떻게 생각하세요? 이 방법이 당신이 약속한 대로 변화하는 데 결심할 수 있도록 도와줄 거라고 생각하세요?

토 니: 네. 저도 바뀌려고 노력해 볼게요. 그렇지만 제가 실수한 것 가지고 앤이 너무 심하게 닦달하면 저도 더 화가 나고 아주 미칠 것 같아요.

치료자: 그렇다면 당신이 그럴 때마다 앤이 맞서서 지적하기보다는 몇 번인지 세고 내용을 받아 적은 것은 괜찮겠군요.

앤: 예. 차라리 그게 좋겠어요.

치료자: 자, 그럼 우리는 당신들의 관계 변화를 우리가 알 수 있게 도울 수 있는 계획을 짰네요. 이미 우리는 변화가 좀 더 가능하도록 유도하는 방법들을 배웠어요. 앤, 지금까지 우리가

변화를 좀 더 일으키기 위해 의논한 것들에 대해 요점정리를 해 줄 수 있겠어요?

앤: 한꺼번에 모든 일이 발생하지 않는다. 만약 내가 토니의 행동 때문에 화가 나서 뭐라고 한다면, 그것이 역시 토니를 화나게 한다는 것이죠.

치료자: 잘 정리했습니다. 저는 다음 치료 시간에는 당신이 느끼는 상처에 대해 좀 더 이야기할 수 있도록 지금 따로 적어 두도록 하겠어요. 그렇지만 오늘 이 시간을 마치기 전에 당신들이 서로를 긍정적인 방식으로 좀 더 사랑할 수 있는 방법에 대해 의논을 했으면 좋겠군요.

이 사례는 앤이 변화라는 정의에 대해 재해석함으로써 자신의 절망감을 감소시킬 수 있다는 것을 깨닫도록 한 소크라테스식 질문법(Beck et al., 1985)의 실례를 들기 위해 인용되었다. 소크라테스식 질문법은 믿음을 찾아내고 시험해 보도록 내담자를 인도해 내기 위해 주로 사용되어 온 귀납적인 질문법이다. 앤의 생각에 대해 치료자가 직접적으로 논쟁하기보다는 치료자가 이전에 변화를 만들기 위한 자신의 노력에 토니의 변화의 시도를 연관시킬 수 있도록 질문을 하였다. 앤이 직접 느꼈던 경험을 토니가 한 가지씩 변하는 방식에 비유함으로써 치료자는 그녀가 기존에 가지고 있던 완전히 변해야만 가치가 있다는 잘못된 믿음을 약화시켰다. 결론적으로 이런 실험은 앤의 생각, 즉 토니가 그녀를 안심시켜 주거나 절망감을 줄여 주기는커녕 오히려 전혀 변하지 않고 있다는 생각을 평가하도록 고안되었던 것이다.

앤이 가진 절망감이 치료 초기에 토니가 보였던 작은 변화를 알아차리는 데 방해할 가능성이 있다는 치료자의 판단을 주목해야 한다. 이에 따라 토니가 비난한 내용, 문맥, 의미에 대해서 이야기하는 것을 다음 치료 시간까지 연기하게 되었다. 그와 동시에 치료자는 앤의 감정에 대해 중요성을 인정해 주었고, 다음 치료 시간에는 이 문제들에 대해 꼭 다룰 것을 그녀에게 확신시켜 주었다.

마찬가지로 치료 시간 동안 할 수 있는 이런 간단한 실험으로 서로의 긴장감을 더 고조시킬 수 있는 다른 절망적인 믿음에 대해서도 시험해 볼 수 있다. 앞의 사례에서도 보면, 치료자는 부부가 변화에 대해 서로가 얼마나 현실적으로 노력하는지 평가함으로써 이런 노력의 과정들이 불완전하거나 부분적인 성공으로 전락되지 않도록 하였다.

두 번째 유형의 믿음은 상대방의 감정적인 불편함을 참을 수 없다는 걱정으로 좋은 의사소통을 회피하게 되는 유형이다. 많은 사람이 "내가 누구에게 고통스럽게 한다면, 난 나빠!" 또는 "만약 내 배우자가 고통을 느끼고 있다면, 내가 뭔가를 바꿔야 해!"라는 믿음을 가지고 있다. 이런 믿음은 부부가 서로의 고통이나 분노에 대해 표현하지 못하게 만들 수 있고, 또는 배우자의 감정에 대해 완전히 공감하면서 듣고 이해하기보다는 오히려 너무 급하게 문제를 해결하려 하거나 성급하게 사과만 하게 만들 수도 있다.

이런 믿음은 3장에 소개되어 있는 사고 기록지를 통하여 검사해 볼 수 있다. 또한 치료자는 이런 믿음으로 야기될 수 있는 이득과 손실에 대해서도 부부가 평가할 수 있도록 도와줄 수 있다. 대부분 믿음을 가지고 있는 부부에게 고통스러운 감정에 대해 듣고 표현하게 하는 것과 같은 새로운 행동을 '직접 해 보도록' 하지 않으면 그들 관계에서 진실한 변화를 기대하기는 어렵다. 직접 해 본 후에 이런 새로운 접근법에 대해 손실과 이득을 평가해 보는 것이 좋다.

많은 사례에서 불편한 감정에 대한 회피반응은 가족 간의 감정표현이 역기능적이었던 아동기 경험에서 비롯됨을 알 수 있다. 이런 경우도 부부가 가진 믿음에 영향을 주었을 만한 그들의 초기 방식에 대해 각별히 살펴보는 것이 매우 도움이 될 수 있다. 내담자의 이런 방식들이 어떻게 발전해 왔는지 한번 이해하기만 하면, 그들 스스로 관계에서 이런 방식이 기능적인지를 뚜렷하게 평가할 수 있다. 물론, 만약 현재 배우자가 역기능적인 방식을 행하고 있다면, 서로 모두가 이를 변화하기 위해 노력해야 한다.

세 번째 믿음의 형태는 친밀감에 대한 두려움 때문에 서로 의사소통을 하려는 노력을 방해하는 것이다. 이런 신념들로는 "만약 나에 대해서 알게 되면 나를 싫어하게 될 거야." "내 본심을 내보이면 분명 창피할 거야." "난 내 방식대로 사는 것이 나아." "감정에 대해 이야기하는 것은 너무 위험해. 결국 조절하지 못하는 일이 생길 거야." 또는 "내가 상대방에게 가까워졌다가 만약 그 사람이 나를 싫어하면, 나는 그 고통을 견디지 못할 거야." 등이 있다.

다시 한 번 친밀감에 대한 두려움을 가진 믿음을 확인하는 것은 매우 중요하기 때문에 치료자는 환자가 자신의 믿음에 대해 유용성이나 정확성에 대해 평가하도록 도와주어야 한다. 평가가 된 후에는 이런 믿음을 환자의 경험의 반대 입장에서 분석해 보아야 한다. 그런 믿음을 연속선상에서 표현하게 해 보는 것이 좋은 방법이다.

예를 들어, “나는 내 방식대로 사는 것이 나아.”라는 믿음은 절대적임을 의미한다. 이럴 때 치료자는 종이에 긴 선을 그리고 한 쪽은 “내 방식 0%” 다른 한 쪽은 “내 방식 100%”를 그려 줄 수 있다. 부부관계에서도 개개인의 기능에 대해 평가할 때 연속선상에서 서로 다른 지점을 가지고 볼 수 있다. 예를 들어, 한 명이 집을 매매하는 것에 대한 결정을 “내 생각 0%”, 휴가지를 정하는 데 “내 생각 35%”, 그리고 직업을 결정할 때 “내 생각 98%”를 하듯이 각각의 일에 대한 자신의 의견 정도가 모두 다를 수 있다.

연속선상에서 그려 보는 방법은 ‘내 방식대로’와 ‘배우자와 함께’ 모두가 장점을 공유한다는 것을 개인에게 설명하기에 매우 좋은 방법이다. 그다음에 부부는 자신들의 삶의 다른 영역에서 상호참여의 위험과 이득을 토론해 볼 수 있다. 부부가 친밀감이라는 것이 흑백개념이 아니라는 것을 발견하도록 도와줌으로써 친밀감에 대한 믿음과 관련된 많은 두려움을 변화시킬 수 있다.

여기서는 원활한 의사소통을 방해하는 데 가장 주요한 세 가지 믿음에 대해서만 언급했으나, 방해가 될 수 있는 수많은 다른 유형의 믿음이나 특이한 믿음이 있을 수 있다. 치료자가 적극적으로 이런 믿음들을 파헤쳐서 치료 시간 내에 이것들에 대해 함께 평가하는 것이 매우 중요하다(예: 의사소통 훈련을 하는 동안 생기는 자동적 사고에 대해 질문하는 식). “저에게 그는 움직일 수 없는 거대한 코끼리처럼 느껴져요.” 등과 같이 떠오르는 이미지나 기억에 대해 묻는 것 또한 매우 중요한데, 이런 것들은 인지적인 방법을 통해 변화될 수 있고 치료의 성공에 매우 중요한 단서가 될 수 있기 때문이다(Edwards, 1989).

문제해결

잘 말하고 잘 듣는 기술을 배우는 과정은 원활한 의사소통의 기초를 세우는 기간이다. 부부가 이런 기술에 익숙해지면, 서로 이견을 가지는 부분에 대해서도 문제해결 방법을 찾을 준비가 된 것이다.

배우자의 관점에서 듣고 요약할 수 있는 능력은 문제해결에서 매우 좋은 시작점이 될 수 있다. 부부는 각자 문제해결을 시작하기 전에 배우자가 말하는 중심 요점에 대해 적어 보도록 교육받는다. 이상적인 문제해결법은 배우자 둘 다의 기대치나 필요를 적어도 어느 정도는 충족시킬 수 있는 해법을 찾는 과정이다.

제이콥슨과 마르고린은 부부들을 위해 문제해결 입문서를 만들었다(Jacobson & Margolin, 1979). 거기에는 건설적인 갈등 해결을 위해 쓰이는 전략이 정리되어 있다. 이 입문서는 성공적인 문제해결을 위한 몇 가지 원칙을 설명하고 있다. 즉, 안건을 설정하고, 긍정적이고 구체적으로 문제를 정의하고, 한 번에 한 가지의 문제에 대해서 의논하고, 서로를 비난하는 것 대신 문제를 해결하는 데 초점을 두고, 서로 양보하고 타협하는 것에 대한 내용들을 포함하고 있다.

이 원칙들은 부부 인지치료에서 쓰이는 원칙과 매우 유사하다. 부부가 앞서 설명한 것과 같이 서로 대화하고 경청하는 것이 가능해지면, 문제해결을 위해 안건을 만드는 데도 이런 기술을 사용하게 된다. 이때 구체적으로 문제를 정의하여야 한다. 예를 들면, 자녀를 양육하는 책임을 분담하기와 같이 구체적이어야 한다.

문제해결을 위한 간단한 접근은 부부가 떠올릴 수 있는 모든 가능한 해결책에 대해 이야기하고 둘 다 동의할 수 있는 한 가지를 선택하는 방법이다. 치료자는 부부가 오히려 다소 억지같이 보일 정도로 가능한 많은 해결점을 찾기 위해 노력하도록 옆에서 계속 격려한다. 예를 들어, 토요일 자녀 양육에 대해서 여섯 가지 대안을 만들어보는 것이다. 첫 네 가지는 마타나의 마음에는 들 수 있고, 네 번째, 다섯 번째, 여섯 번째는 미크의 마음에 들 수 있다. 네 번째 대안이 양편의 마음을 만족시키면 이 대안을 선택하게 하는 것이다.

이런 간단한 문제해결 접근법은 많은 부부의 불일치를 해소시키지만, 항상 이상적으로 실행되지는 않는다. 어떤 경우는 한 사람보다 다른 한 사람에게 매우 의미 있는 문제가 있을 수 있다. 이런 경우에는 두 사람 모두에게 충족되지 않는 한이 있더라도, 이 문제에 대해 더 중요하게 생각하는 사람이 더 만족할 수 있도록 대안을 찾게 한다. 때로는 둘 다 만족할 만한 해결책이 없는 경우도 있다. 이런 경우에 부부는 이번 일에는 누가 더 만족할 방법을 택하고, 다음에는 다른 사람에게 양보하도록 타협을 할 수도 있다. "이번에는 내 결정을 따라 줘. 다음에는 당신 결정을 따르게."와 같이 말할 수 있다. 어떤 부부는 이런 말 대신 서로 조금씩 양보하는 것으로 결정할 수 있다(예: "오전에는 내가 아이를 맡고, 오후에는 당신이 아이를 맡아"). 또 다른 부부는 둘 다 만족하지 않는 결과를 선호할 수도 있다(예: "나도 동문회에 가지 않을 테니, 당신도 스키 타러 가지 마요. 둘 다 아이들과 함께 집에 있는 걸로 하죠.").

가장 융통성 있는 부부는 각각의 상황에 따라서 여러 형태의 의견을 조율할 수 있도록 연습된 부부일 것이다. 부부치료에서는 부부가 이견을 가지고 있을 때 포기하지 않도록 문제해결 대안책을 많이 찾아내도록 도와주는 것이 중요하다.

문제해결에 대해서 치료하던 과정에서는 숨어 있던 여러 문제점이 자주 발생하기도 한다. 이런 문제점 안에는 관계에서 권력의 차이나 성공적인 문제해결 시도를 방해하는 믿음 같은 구조적인 주제가 포함되어 있다. 다음은 부부가 이런 유형의 걸림돌을 극복하는데 도움을 줄 수 있는 전략이다.

관계에서 권력의 차이 이 책에서 '권력'은 배우자에게 영향력을 행사할 수 있는 능력을 말한다. 거의 모든 관계에서 권력은 조금씩 다를 수밖에 없다. 어떤 부부에게서 권력의 차이는 상황에 따라 다를 것이다. 한 배우자가 집안의 경제 결정에 좀 더 주도권이 있다면, 다른 한 배우자는 어떻게 시간을 보내는지에 대해 주도권을 가질 수 있다. 또 다른 부부는 모든 결정에 대해 동등하도록 노력할 수 있지만 지식, 경제, 지위 등의 요소가 부부의 결정에 어느 정도는 영향을 미치고 있을 수 있다.

인지치료에서 사용되는 문제해결 전략은 동등한 권력에 대한 상호협동 모델에 그 기초를 두고 있다. 이런 치료방법은 인본주의적 철학적 전통에서 기인했지만, 이외에도 (a) 불만족스러운 부부는 서로에게 영향을 주기 위해 상호성보다는 강제성을 사용하기 쉽다(Stuart, 1969), (b) 강제적으로 영향을 행사하는 전략은 긍정적인 방법으로 영향을 주는 경우보다 효과적이지 못하다(Raven, Centers, & Rodrigues, 1975) 등 부부가 서로 평등한 결정을 실행하도록 제안하는 연구에도 영향을 받았다.

부부가 그들의 관계에서 상호적인 모델에 쉽게 적응하지 못하리라는 것을 치료자는 인지하고 있어야 한다. 이런 경우 부부가 문제해결 전략을 세우는 것을 도와주기 위해 부가적인 노력이 필요할 수도 있다.

예를 들면, 어떤 부부는 매우 완고하게 상하 계층적인 시스템을 가지고 있다. 이런 부부에서는 한 사람이 최종적 소신을 가지고 생활한다("나는 가족을 위해 최선인 것만 이야기할 거야."). 이런 '절대적인 원칙' 의 성향은 성별의 차이에 국한되어 있는 것은 아니다. 때로는 모든 결정권을 가지고 있는 경제력을 가진 배우자 또는 더 '매력적인' 배우자가 그런 역할을 할 수도 있다.

이렇게 극단적이거나 완고한 권력의 차이를 보이는 부부관계를 협동적인 관계로 유도하기 위해서는 치료자가 그들이 평등한 결정을 했을 때 얻을 수 있는 상호적인 이득에 대해 깨달을 수 있도록 도와주어야 한다. 이런 목적에 도달하는 한 방법은 부부에게 현재의 결정권 형태에 대한 장점과 단점에 대해 물어보고, 문제해결을 위해 둘의 지식과 강점을 사용했을 때의 얻을 수 있는 상대적인 이점과 가치를 부각시켜 주는 전략이다.

어떤 부부에게 권력의 차이는 쉽게 드러나지 않은 자신들의 성장환경에 기인한 문화적인 가치관에 따라 형성되었을 수 있다(예: 부부 모두가 아내는 자식 양육에 대한 모든 결정을 하고 남편은 가정경제에 대한 책임을 가지는 가정환경에서 자랐다.). 이런 경우 치료자는 부부에게 자신들의 이득을 위해 이미 관습을 깨뜨린 경우가 있다면 그런 경우를 인지하도록 질문할 수 있다(예: 전업주부였던 친정어머니와 다르게 아내가 직업을 가지고 있는 경우). 그런 다음 치료자는 부부와 함께 관습적인 결정방식을 따랐을 때 발생하는 상호적인 이득과 손해에 대해 탐색해 보도록 유도할 수 있다.

만약 부부 중 한 명 또는 모두가 한쪽으로 편중된 권력 체계를 완고하게 고수하려고 한다면, 치료자는 이 부부에게 부부치료가 효과적인지 다시 고려해야 할 것이다(만약 문제해결 방법이 중요한 문제인 경우). 개인치료가 대안일 수도 있고(부부관계 안에서나 밖에서 자신의 선택권에 대한 가치를 각자 고려해 볼 수 있도록 도와주려는 목적으로), 그들 관계의 일정부분을 조정할 수 있도록 도울 수도 있다. 관계의 일정 부분을 조정하는 방법은 부부관계가 학대적이지 않고 서로가 받아들일 수 있는 정도의 상태를 선택하도록 유도하는 것이다. 예를 들면, 매우 의존적인 사람은 안전감을 위해 매우 주도적인 배우자와 함께하기를 원하기 때문에 치료하는 동안 다른 선택에 대해서 고려하는 것을 내켜 하지 않을 것이다.

관계에서 영향력을 행사하는 방식 권력이란 행동적 구성요소를 가지는 것과 동시에 많은 인지적인 구성요소도 가지고 있다. 때때로 강한 영향력을 행사하는 배우자라도 자신이 무력하다고 느끼면 그들의 관계 속에서 일어나는 문제들에 대해 아무런 책임을 지지 않으려고 하기도 한다. 권력을 표현하는 여러 방법을 살펴보면, 부부는 서로에게 효과적인 방법과 비효과적인 방법 모두를 통해 영향을 주고 있음을 알 수 있다.

어떤 사람들은 설득이라는 방법으로 직접적인 영향을 준다. 대화를 통한 직접적인 설득이 성취될 수도 있지만, 배우자가 자신의 요구를 수용할 때까지 끊임없이 성가시게 설득할 수도 있다. 이런 직접적인 방법은 그것을 말하는 어조에 따라 긍정적이기도 하고 때로는 부정적으로 받아들여지기도 한다. 예를 들어, 서로 화를 내며 말을 주고받는 것도, 협박처럼 요구를 하는 상황도, 의견에 대해 상호적인 교환도 모두 대화라고 할 수 있기 때문이다. 대부분이 부정적이라고 생각되는 성가시게 붙어서 상대방을 귀찮게 하는 행동도 재치와 유머를 가지고 한다면 오히려 긍정적으로 받아들여질 수 있다.

다른 사람은 간접적으로 영향을 주는 방법을 사용하기도 한다. 한 여자는 『사랑만으로는 살 수 없다』(Beck, 1988)라는 책 한 권을 배우자 책상에 놓아 둠으로써, 자신의 배우자가 이 책을 발견하여 읽게 만든다. 그래서 자신들의 관계에 변화가 필요한 것에 대해 남편 스스로 이해하고 받아들이기를 원한다. 한 남자는 저녁식사를 선택할 때 아내에게 음식점을 선택하라고 말은 하면서도, 자신이 처음에 고른 맛있고 질이 좋은 음식점만을 계속 강조하기도 한다.

영향력을 행사하는 방식에 개입하기 위한 효과적인 전략은 부부가 그들의 목표를 성취하기 위해 부작용은 최소화하고 긍정적인 면을 극대화시킬 수 있는 방식을 사용하고 있는지를 살펴보게 하는 것이다. 부부는 여러 다른 방법들의 장단점을 고찰해 보도록 격려받는다.

예를 들어, 직접적으로 배우자를 성가시게 하는 방법이나 암시하는 내용의 메모를 남기는 두 가지 방법 모두가 배우자에게 영향을 미칠 수 있다. 그러나 서면으로 메모를 남기는 방법이 부부 사이의 마찰이나 흥분을 줄일 수도 있기에 좀 더 권장되는 방법이다. 부부가 서로에게 자신들의 결정에 대한 감정이나 이유를 드러내는 대화 방식과 같은 몇몇 방식이 완전 강제적인 방법보다는 부부관계를 건설적으로 탄탄하게 만드는 데 긍정적인 영향을 줄 수 있다.

문제해결을 힘들게 하는 믿음 몇몇 일반적인 믿음은 부부에게 문제해결 방법을 안내하는 가장 좋은 치료방법조차 무력하게 만들 수 있다. 가끔 한 배우자가 "난 이미 너무 많은 양보를 해왔어."와 같은 경직된 관점을 가지고 있으면 더 이상 상대방과 함께 문제에 대해 협의하려 하지 않을 수도 있다.

변화에 대한 믿음이 문제해결을 방해하기도 한다. "작은 변화로는 충분하지 않아" "우린 너무 많이 바뀌어야 해." "우리에게는 완벽한 해결책이 필요해." 등과 같은 믿음이 포함된다.

이미 상대편에게 너무 많이 양보했다고 믿는 배우자에게는 협상이 불공정하다고 느껴질 것이다. 이런 사람에게는 문제해결을 하기 전에, 치료자가 반드시 관계에서 상호 교환을 계속하는 것이 어떤 장점을 가지는지에 대해 살펴보도록 도움을 주어야 한다. 첫 번째 단계는 실제로 자신이 상대편에 비해서 많은 양보를 해 왔다는 자신의 지각을 판단하게 해 보는 것이다. 때때로 이런 사람은 상대편이 어느 정도의 양보를 했는지를 인지하지 못한다. 이런 과거력의 검토는 부부가 치료자를 통해 이해받았다는 느낌을 증진시키는데 도움을 줄 수 있다.

두 번째 단계는 '평등한 협상' 에 매달리는 것의 이득과 손실을 따져 보는 것이다. 실제로 많은 친밀한 관계에서는 완전한 평등성이 요구되지 않는다. 예를 들면, 부모-자식 관계에서는 부모가 아이보다 많은 것을 양보하기에 대부분 불평등한 것이 사실이다. 성인은 친구 관계에서도 필요와 능력에 따라 일정기간에는 종종 불평등하게 된다. 대부분의 성인이 상당한 시간 동안 양보하면서도 그런 관계를 제대로 유지하는 이유에 대해 탐색을 해 보는 것이 도움을 줄 수 있다.

그렇지만 만약 오랜 기간 동안 한 배우자로부터 심한 불평등이 존재해 왔다면, 미래의 문제해결을 위해서 어느 정도 상호적 동의가 필요할 수 있다. 예를 들면, 부부는 이전에 주도적인 배우자가 선호한 해결책보다는 서로가 수용할 수 있는 해결책들을 찾아보는 것이 당분간의 목표라는 것에 동의해야 한다. 치료자는 관계에서 신뢰와 호의를 회복하기 위해서는 이것이 단기적인 계획이라는 것을 강조할 수 있다.

만약 양쪽 부부가 지금까지의 불평등에 동의한다면, 부부관계에서 고갈되었다고 느끼는 배우자를 위해 상징적인 배상을 주는 것도 바람직한 방법이다. 부인이 학업에 매진할 수 있도록 남편이 일 년 동안 아이 양육에 좀 더 시간을 할애하겠다는 배상이 좋은 예가 될 수 있을 것이다.

만약 오랜 시간 동안 부부가 좌절감을 경험해 오고 있다면, 그들은 작은 변화로는 충분하지 않을 것이라고 느낄 것이다. 어떤 부부는 자신들의 관계의 향상에 필요한 많은 변화를 실제로 성취할 가능성이 없다고 두려워하기도 한다. 이런 믿음을 언급하는 부부에게 도움이 되는 하나의 접근방법은 변화의 모델을 제시하는 것이다. 아주 크고 긍정적인 영향을 성취하기 위해서는 먼저 아주 작은 변화를 만들어 내는 것이 치료의 목표라는 것을 이야기해 주는 것이다. 이런 생각을 예시하는 비유는 공 던지기의 예다. 공을 던질 때 작은 각도의 변화가 먼 거리의 변화를 만들어 낸다는 것이다. 이것을 부부에게 적용해 보면, 만약 한 배우자가 행동에 작은 변화를 만들어 낸다면, 이것은 행동의 상징적인 의미 때문에 다른 배우자에게는 주요한 변화로 지각될 수 있다는 것이다(K. A. Mooney, personal communication, August 22, 1989).

이런 관점은 사고, 행동, 정서, 환경의 작은 변화를 포함하는 광범위한 인지 모델과 연관되어 있다. 이런 작은 변화가 모이면 관계에서 큰 변화를 이끌어 낼 수 있다.

마지막으로 일부 내담 부부는 완벽한 해결책을 찾기 때문에 문제해결에 어려움을 보이기도 한다. 행동하지 않는 것과 불완전한 행동 사이의 이득과 손해를 살펴봄으로써 그러한 사람이 가지는 완벽주의적인 자세를 완화시킬 수 있다. 완벽주의적인 기준을 지지하는 믿음을 파악하고 시험해 보는 것 또한 도움을 줄 수 있다. 완벽주의를 동반하는 일반적인 믿음은 다음을 포함한다. "만약 내가 최선을 다하지 않으면, 무언가 끔직한 일이 일어날 거야." "불충분한 해결책은 자신이 불충분하다는 것을 증명할 뿐이야." "다른 사람은 좀 더 나은 해결책을 제시해 줄 수 있었을 텐데." 등이다.

5 부부를 위한 인지치료의 구조화

치료 과정과 빈도

부부의 문제와 강점에 따라 치료 기간과 과정이 다양하지만 대다수의 부부를 기준으로 인지치료의 전체적인 치료 단계를 구분할 수 있다.

〈표 5-1〉은 각 단계별로 이론적 해석과 방법을 요약한 것이다. 각 단계마다 관계되는 장이 표시되어 있으며, 각 장은 성취에 도움이 되는 절차와 기술에 대한 정보를 포함하고 있다. 이 표는 대다수 부부의 치료과정을 정확하게 묘사하고 있지만, 각 단계를 성취하기 위해 필요한 시간과 순서는 부부들이 가진 욕구와 기술에 따라 결정될 것이다.

일반적으로 부부치료의 회기는 한 주에 50분이 한 회기로 계획된

〈표 5-1〉 부부를 위한 인지치료와 치료의 단계

부부 문제의 역사(History)와 개념화 (3, 4장)
- 평가를 위한 정보 수집
- 부부 역사에 맞추어 치료 모델을 설명하기

분노 조절 (4장)
- 쉽게 분노를 가라앉히고 부정적인 부분 수용하기

관계에서 긍정적인 행동을 증가시키기 (4장)
- 관계에 대한 긍정적인 토대 회복하기
- 변화를 위해 긍정적인 기대감을 설정하도록 도와주기
- 가정에서 상호작용하기 위해 부부에게 협력적인 구조 소개하기

부부에게 중요한 자동적 사고에 대해 확인하고 시험하고 반응하는 것을 교육하기 (4장)
- 자동적 사고 확인하기
- 문제 상황에서 자동적 사고를 기록하게 과제 제공
- 면담 상황이나, 가정에서 자신들의 자동적 사고를 평가하고 시험하도록 부부에게 교육

의사소통기술 교육 (4장)
- 기본적인 기술을 사용하기
- 효과적으로 말하기와 듣기를 방해하는 자동적 사고를 인식하는 법과 그것을 평가하고 시험하는 법 배우기

분노의 주제 탐사하기 (4장, 6장)
- 표면적인 수준에서, 분노와 연관된 자동적 사고를 평가하는 것을 배우기
- 더 깊은 수준에서, 반복되는 분노 상황을 악화시키는 감추어진 의심, 상처 그리고 숨겨진 두려움을 확인하기
- 개인과 부부에게 의심, 상처, 두려움에 반응하도록 도와주고 인식된 위협을 좀 더 건설적으로 해결하도록 도와주기

문제-해결 전략 교육 (4장)
- 기본적인 기술 사용하기
- 기본적인 방법을 방해하는 믿음을 확인하고 시험하기

역기능적인 태도와 핵심적인 가정을 확인하고 변화시키기 (6장)
- 경직된 믿음 체계를 가진 개인과 부부에게 중요한 과정
- 성격장애를 가진 내담자와 작업하는 인지치료의 중요한 초점
- 핵심적인 역기능적인 믿음의 역사적 근원을 조사하기

재발 예방 (5장)
- 학습한 원칙과 문제-해결 전략 복습하기
- 미래의 문제와 브레인스토밍을 통한 해결을 예상하기

다. 만약 부부가 위기에 있다면, 주당 2회의 면담이 유용할 수 있다. 몇몇 치료자는 특히 평가와 치료 시간에 높은 필요성이 있을 경우, 치료의 과정 초기에 부부의 정보를 처리하기 위해 더 많은 시간인 75분 동안의 면담을 선호하기도 한다.

인지치료는 12~20회의 면담이 전형적인 치료 기간이며 보통 단기적이다. 물론, 부부 중 누군가에게 성격장애 같은 복잡하고 오래 지속된 어려움과 질환이 있다면 더 긴 치료 시간이 필요할 것이다. 이런 경우에 부가적으로 고려해야 할 부분은 6장에서 언급될 것이다.

합동 회기와 개인 회기

인지치료자는 부부를 공동으로 또는 단독으로 만나게 된다. 일반적으로 대부분의 면담은 합동 회기로 진행된다. 그러나 합동 회기에서는 발견하지 못할 수도 있는 중요한 개인 문제를 확인하기 위해 치료 초기에 개인 회기를 가지는 것이 종종 도움이 된다. 또한 개인 회기는 현재의 관계에 강한 영향을 줄 수 있는 어린 시절의 가족 기원 문제를 조사하기에 유용할 수 있다.

보통, 부부 두 구성원은 개인적으로 치료자를 같은 회기 횟수만큼 만나게 된다. 이것은 단지 한 번 혹은 여러 번의 회기가 될 수도 있다. 만약 개인 면담 회기의 연장이 요구된다면 이후의 개인 회기는 다른 치료자가 진행하는 것이 바람직할 것이다.

이 책에서 발췌한 사례의 대화로부터 짐작할 수 있는 것처럼, 인지치료자는 합동 회기에서도 개인과 함께 일한다. 배우자와 치료자가 문제를 토론하고, 자동적 사고를 확인하고 시험하며, 치료자가 배우자의 감정에 공감하는 것을 보는 것만으로도 내담자에게는 치료적일 수 있다. 때때로 이차적인 청자(聽者) 역할을 함으로써 생기는 간격은 내담자에게 과거보다 좀 더 명확하게 상대방의 중요한 감정과 생각을 들을 수 있게 한다.

만약에 치료자가 개인 회기에서 부부 둘을 함께 만난다면, 비밀 보장의 문제가 반드시 언급되어야만 한다. 몇몇 치료자는 개인 회기에서 얻은 어떤 정보도 배우자에게 비밀로 유지되지 않을 것이라고 부부들에게 먼저 알린다. 즉, 개인 회기에서 얻은 정보는 합동 회기에서 솔직하게 토론될 것이다. 물론, 이런 부분은 치료자의 재량에 따라 달라질 수 있다.

여러 이유에서 완전히 비밀 보장이 되는 개인 회기를 가지는 것이 더 나을 수도 있다. 비밀 보장이 되는 개인 회기에서는 부부 각자가 치료에 중요한 정보를 치료자에게 더 잘 드러낼 수 있다. 그러나 이러한 정보에 대해 상대방에게는 아직은 드러낼 준비가 안 되어 있다고 각 개인은 느낄 수 있다. 예를 들면, 현재 관계 속에 결코 영향을 나타내진 않고 있지만, 한 배우자가 근친상간의 희생자였을지도 모른다. 한 배우자가 외도를 가질 수도 있고, 이것을 밝힐 준비가 되어 있지 않을 수도 있다(이 부분은 6장 참조).

만약 비밀 보장이 되는 개인 회기를 가진다면, 치료자는 부부에게 영향을 미치는 이런 개인적인 문제에 대하여 작업할 수 있다. 치료자는 개인의 비밀을 보장할 수 있고 또한 합동 회기에서 숨겨진 문제를 토론하는 것의 장단점을 각각 배우자와 따로 탐색해 봄으로써 부부를 도와줄 수 있다. 만약 자신이나 상대방이 합동 회기에서 토론하기를 원하지 않는 중요한 문제를 개인이 가진다면, 치료자는 개인을 격려하여 해결하게 하거나, 합동 회기에서 자발적으로 탐색할 수 있도록 격려할 수도 있다.

숨겨진 문제들의 의미에 대한 내담자의 자동적 사고와 작업하는 과정은 매우 도움이 될 수 있다. 예를 들면, 때때로 사람들은 배우자와 중요한 정보를 공유하지 않는다. 왜냐하면 배우자에게 상처를 주거나 관계에서 어려움을 야기할 것이라고 믿기 때문이다. 고백과 대화로 야기되는 결과보다는 숨겨진 정보를 통해 관계로부터 종종 더 큰 거리감이 발생하기에 이런 생각을 시험해 보는 것이 도움이 된다. 때때로 사람들은 배우자의 고통을 야기하는 것이 불공정하다는 믿음을 가지고 있다. 이런 종류의 믿음은 4장(pp. 117~119)에서 언급된 것처럼 평가해 볼 수 있다. 6장에서는 외도의 의미를 평가해 보는 과정의 유용성을 다룬다.

안건 설정하기

치료자와 부부가 한 방향으로 바라보면서 협력적으로 작업하게 하는 인지치료의 구조적인 면 중의 하나는 매 회기의 면담이 시작할 때마다 안건을 설정하는 것이다. "오늘 나의 계획은 여러분이 이번 주에 배운 것을 복습하고 힘들다고 느끼는 영역을 토론하며, 우리가 지난주에 연습했던 방법을 계속 연습하는 것입니다."라고 간단하게 말함으로써 안건은 대화 속에서 자연스럽게 설정될 수 있다. "여러분은 우리가 오늘 성취하기를 원하는 추가적인 다른 것들이 있습니까?" 또 다르게 치료자는 "오늘 여러분이 토론하고 싶어 하는 것은 무엇입니까?"라고 물음으로써 시작할 수도 있다. 그러고 나서 이런 것들이 이번 면담에서 적절하다면 부부에게 확인한 후 지난 회기에 진행되었던 다른 주제나 과제의 복습을 추가한다. 이전의 과제에 대한 토론은 항상 안건에 포함되어야 한다.

인지치료에 익숙하지 않은 몇몇 치료자는 안건을 설정하는 것이 치료자가 통제 역할을 수행하는 것이라고 판단할 수도 있다. 사실상 안건 설정은 보통의 경우 내담에게 더 큰 통제감을 가지게 만든다. 그러나 안건 설정이 없다면, 더 안전하다고 느끼는 주제에 대하여 내담자는 종종 이야기하기 시작하고, 면담 회기 후에는 다른 중요한 주제가 남게 된다. 이런 다른 주제가 존재하는지 모르기 때문에, 치료자는 부부에게 중요한 다른 주제를 위해 시간을 안배하지 않은 채 초기의 주제를 심도 있게 탐색하는 데 시간을 보낼 것이다.

치료자와 내담자는 안건을 설정함으로써 협력적으로 그 회기에서 어떤 문제를 토론할지 우선순위를 매길 수 있다. 이외에도 치료를 구조화하는 부분은 각각의 주제에 얼마나 많은 시간을 할애하여 토론이 문제 지향적이 될지, 두서없는 말잔치가 될지를 결정하는 과정도 포함된다. 물론, 일단 안건이 설정되고 난 후에는 유연해질 필요가 있다. 때때로 면담이 시작한 지 15분 만에 할당된 주제에서 어려움의 핵심 영역이 폭로될 수도 있다. 그렇다면 드러난 감정적 · 인지적 정보에 반응하기 위하여 안건은 전체적으로 조정되고 변화될 필요성이 있을 것이다.

과제 부여

인지치료의 일부분은 치료 시간에 배운 것을 연습하기 위해 과제를 부여하는 과정이 포함한다. 우울증 인지치료 연구는 과제를 수행한 내담자가 과제를 하지 않은 내담자보다 더 훌륭하게 더 빨리 개선되었음을 보여 주고 있다(Persons, Burns, & Perloff, 1988; Primakoff, Epstein, & Covi, 1986). 과제 부여의 근본적인 이유는 사람들이 그렇게 함으로써 최고의 배움을 성취할 수 있기 때문이다. 인지 모델은 생각, 감정, 행동, 생리, 환경이 연결되어 있기 때문에, 이런 작은 조정으로부터 어떤 더 큰 변화를 만들어 내기 위하여 한 개 이상의 영역 속에 작은 변화를 이루어 낼 수 있는 과제가 부여된다.

인지치료에서 과제 부여에는 관찰자적인 유형과 실험적인 유형이라는 두 가지 기본적인 유형이 있다. 부부 중 한 명에게나 모두에게 과제가 부여될 수 있고, 과제는 생각, 감정, 행동, 생리 혹은 환경과 관련된 것이다. 과제가 무엇이든 간에 이상적으로는 내담자가 치료 회기 중에 연습을 시작하여 성취해야 할 기술이거나 부부의 주 관심사와 관계된 것으로, 반드시 협력적으로 계획되어야만 한다. 이런 특징이 과제 순응의 가능성을 증가시킬 것이다.

관찰자적인 과제 부여에는 다음이 포함된다. 감정과 자동적 사고를 알아차리고 기록하기, 긍정적이거나 문제되는 행동을 놓치지 않고 기억하기, 행동이나 말하는 유형에서 유사점이나 차이점을 발견하기 위해 다른 부부 관찰하기, 그리고 특정 유형이 있어서 활동, 정서, 시간에 연관되었는지를 살펴보기 위해 일기 쓰기 등이다.

실험적인 학습과제는 부부의 문제에 따라 다양하다. 이것은 다음과 같은 과제를 포함한다. 새로운 행동 혹은 의사소통 양식을 시도하고 결과를 기록하기, 자동적 사고 기록지를 완성하고 이것이 부정적 정서를 감소시키는지를 살펴보기, 특정한 상호작용이 발생하는 시간이나 상황(예: 알코올 섭취)을 변화시키기, 그리고 부부에게 성가신 잔소리 대신에 '메모 적기' 와 같은 새로운 문제해결 전략을 시도하라고 부부에게 요청하기 등이다.

이런 과제 수행은 새로운 기술을 습득하거나 믿음을 바꾸는 목표를 달성하기 위해 매우 중요하다. 치료자와 내담자는 뚜렷한 변화가 성취되기 전에 일정 기간 이상 지속적인 연습이나 실험이 요구된다는 것을 깨닫는 것이 중요하다. 예를 들면, 남편은 부인과 대화 중 방해하거나 너무 성급한 문제해결 없이 상대방의 이야기를 계속 듣는 연습을 하였다. 이 실험은 잘 진행되었고 부인은 마치 남편이 자신의 이야기를 잘 듣는 것처럼 느꼈다. 그러나 부인은 자신들이 몇 개월 동안 이런 대화가 계속 유지한 후에야 문제가 어느 정도 해결되었다고 확신하였다.

때때로 내담자는 부여된 과제를 완전히 끝마치지 못한다. 치료자나 내담자 양편에서 과제에 대한 비순응의 원인이 다수 존재할 수 있다. 치료자가 다음과 같이 행동함으로써 과제 비순응을 유발할 수 있다. 즉, 너무 많은 과제 부여하기, 부부의 주요한 관심사에 관련 있는 과제를 부여하지 않기, 다음 면담에서 과제에 대하여 재검토하지 않기, 내담자의 기술 수준을 넘어선 과제를 부여하기, 과제를 명백하게 설명하지 않기, 내담자에게 과제를 적으라고 요청하지 않기, 내담자가 과제를 하지 않는 이유를 치료 초반에 평가하고 문제 해결하지 않기 등이다.

만일 과제가 잘 선택되고 치료와 통합되었다 하더라도, 내담자는 여전히 완수하지 못할 수 있다. 이런 경우에 치료자와 내담자가 과제 완성을 방해하는 것이 무엇인지를 이해하는 것이 중요하다. 때때로 내담자가 아프거나 과제를 위해 챙겨 두던 시간에 긴급한 일이 발생하는 등의 실제적인 문제가 과제 완수를 방해할 수도 있다. 다른 이유에서도 내담자는 과제를 하지 않을 수도 있다. 문제 해결에 희망 없다고 생각하기 때문이다(4장 pp. 112-116 사례 참조).

과제 비순응을 유도하는 내담자의 다른 믿음은 다음과 같다. "나는 변화를 만들 수 없어" "이것은 어쩔 수 없는 거야. 그리고 나는 바꿀 수 없어." "변화시킬 수 있는 유일한 것은 ____야. 이 과제는 의미가 없어." "만약 우리가 이 과제를 하기 위해 노력한다면, 상황이 더욱 악화될 뿐이야." 치료자는 이런 종류의 믿음을 빨리 알아차릴 수 있어야 하고, 회기 중에는 소크라테스식 질문법으로 이런 믿음을 살펴보게 한다. 그리고 작은 과제를 부여함으로써 점차적으로 이 믿음을 시험해 보도록 하여야 한다.

사후 점검을 위한 추가 회기

재발 방지는 지난 십 년간 연구와 임상 현장의 주요한 초점이 되어 왔다(Marlatt & Gordon, 1985). 재발 방지는 구조화된 학습이 필요하기 때문에 이상적으로 인지치료가 재발 방지에 적합한 치료다. 치료 말기에서 치료자와 부부는 배운 전략과 미래의 어려움을 다루기 위한 문제-해결 단계를 복습할 수 있다. 치료자는 부부가 치료에서 다루어 왔던 것과 비슷한 다양한 문제 시나리오를 주고 그들에게 스스로 이런 것들을 어떻게 헤쳐 나갈지를 예증해 보라고 질문할 수 있다.

치료 효과를 유지하도록 돕는 부가적인 단계는 사후 점검을 위한 추가회기를 계획하는 것이다. 부부는 정기적으로 예정된 치료를 끝낸 후 6개월 안에 한 회 이상의 치료약속을 계획하도록 요구받는다. 만약 부부가 과거 치료의 성과를 계속 잘 유지해 나간다면, 이런 회기는 도움이 될 것이다. 부부는 어떤 기술과 유형이 그들의 관계 성공을 유지하는 데 도움이 되는지를 세밀하게 검토해 볼 수 있다. 또한 추가 회기는 부부가 스스로 충분하게 해결하지 못한 문제를 해결하고 답을 찾는 데 도움이 될 수도 있다.

6 부부치료에서의 특별한 문제

부부치료에서는 까다롭고 어려운 상황들이 아주 자주 발생한다. 그런 부분에 특별한 토론이 필요할 것이다. 이번 장에서 여덟 가지 중요한 문제들을 다룰 것이다. (a) 위기 상황, (b) 분노와 폭력 상황, (c) 배신, (d) 한쪽은 끝내고 싶어 하는데 다른 쪽은 원하지 않을 때, (e) 관계를 정리할 적절한 시점, (f) 부부에게 다른 정신과 질환이 존재할 때(예: 성격장애), (g) 문화적인 초점 그리고 (h) 게이와 레즈비언 커플의 치료다.

위기 상황

부부가 자연스럽게 치료를 고려하지 않았더라도, 위기가 치료를 시작하게 만드는 경우가 종종 있다. 이런 경우에 일부 부부는 성직

자 혹은 친척에게 도움을 청하기도 한다.

위기 상황에는 다음과 같은 상황이 있다. 원하지 않은 임신, 배신의 발견, 신체적 싸움이나 구속을 일으키는 언쟁, 마약 혹은 알코올 남용 등등이다. 이와 같은 위기들은 보통 응급 조정이나 때때로 몇 회기의 면담이 꼭 필요하게 된다. 전형적으로 응급성을 감소시키는 작업이 접수 과정 중에 일어난다. 일단 흥분이 줄어들고 나면, 치료자는 3장에서 기술된 접수 과정에 따라 좀 더 전반적인 평가와 치료 목표를 가지고 작업할 수 있다.

위기 상황에서 작업할 때는 다음의 6단계가 면담을 구조화하기에 도움이 된다.

- **1단계** 부부가 직면한 문제를 신속하게 개념화하기. 이 회기의 면담 시간은 연장되어야 하고, 직면한 문제와 이용할 수 있는 자원을 평가하기 위해 사용되어야만 한다. 치료자나 부부는 위기 중에 안전하게 같이 살 수 있을지의 여부를 평가해야 한다. 이 중대한 시기에 관계 질문지나 척도 등을 사용하는 것은 보통 적합하지 않다.
- **2단계** 부부에게 그들의 감정의 수준을 관찰하고, 가능하면 그들의 고통을 유발하는 자동적 사고를 확인시키고 이를 즉시 교육한다. 이런 방법은 반드시 언쟁이나 흥분의 시기에 타임아웃을 외치거나 잠시 떨어져 있는 방법과 함께 부부에게 제공되어야 한다.
- **3단계** 대안적인 반응과 행동을 실행하기. 행동이 변화되려면 반드시 대안적인 행동으로 대체되어야 한다(예: 고함치기 대신에

적으면서 요약하기로 대체). 만약 부부가 잠시 떨어져 있기로 결정했다면, 안전하게 다시 이야기를 나눌 때까지 어디에 있을 것인지를 결정하라고 요청한다.

- 4단계 1단계에서 3단계를 치료시간에 연습시키고 그들에게 일상생활에서 극렬한 충돌을 감소시키기 위한 과정으로서 이런 단계를 사용할 것임을 동의하도록 요청하기. 이 시점에서 협력적인 관계를 획득하는 것이 매우 중요하다(2장 p. 42 참조).
- **5단계** 가능하면 빨리 사후 면담을 계획하기. 응급 방문과 사후 면담 회기 사이에 전화 연락을 가지는 것이 바람직하다.
- **6단계** 치료자는 위기 중에 부부가 반드시 함께 살아야 하는지 아닌지를 조언해 주기 위해 임상적인 결정을 하여야만 한다. 만약 위기가 신체 학대와 관련되어 있다면 이것은 더욱 중요하다. 치료자는 그런 경우에 주의를 하면서 진행하여야 하며, 일시적으로 다른 거처를 고려하여야 한다. 기본적인 문제해결기술의 사용은 간단하게 수정되어 적용되어야 한다(4장 pp. 120~128 참조).

분노와 폭력 상황

이 책 전반에 걸쳐 제시된 사례들은 분노와 갈등 상황을 강조해왔다. 왜냐하면 이것들이 관계 문제의 가장 전형적인 표현이기 때문이다. 그러나 몇몇 부부에게는 이런 문제들이 신체적 폭력으로 위험한 수준까지 이르게 된다. 몇몇 부부는 분노가 너무도 강렬하기에 별거해야 하는지를 물어보기 위해 치료자에게 잦은 응급 호출을 사용하기도 한다.

분노가 높을 때 치료자는 추가적인 고려를 해야 한다. 폭력이 위험 수준이라면 부부 양쪽의 안전을 다른 치료적 목표보다 우선시해야만 한다. 때때로 신체적 격리가 부부 안전의 유일한 보장책일 수 있고, 이것은 강력하게 권고되어야만 한다.

한 여자가 치료자에게 전화를 걸었는데, 남편이 전날 밤 논쟁 중에 자신을 때리면서 죽이겠다고 위협했다고 보고하였다. 치료자는 안전을 위해 그녀가 형제들과 일시적으로 거주하거나 학대받은 여성을 위한 지역 피난처에 도움을 요청하는 것을 포함한 다양한 선택을 탐색해 보도록 도와주었다. 게다가 치료자는 위기가 해결될 때까지 남편을 혼자 만나지 말고, 전화상이나 다른 사람과 같이 있을 때 대화를 시도할 것을 제안하였다. 이런 과정은 보통 경찰에 고발할 만한 신체적 학대를 당한 배우자에게 권고하는 방법이다.

가정 내 폭력에 익숙하지 않은 치료자는 가정 내 폭력의 특별한 역동(Finkelhor, Gelles, Hotaling, & Straus, 1983; Gelles, 1972; Pagelow, 1981; Walker, 1979, 1984)과 가해자를 위한 치료 집단과 가정폭력의 희생자를 위한 피난처 같은 지역공동체 자원에 대하여 교육받도록 권장된다.

인지치료 관점은 폭력적인 부부들과 함께 작업하는 데도 도움이 된다. 많은 일반적인 믿음이 확인될 수 있고 인지 모델을 사용하는 것을 시험해 볼 수 있다. 예를 들면, 가해자는 "나의 실수가 아니야! 그녀가 그런 식으로 행동했을 때 나는 화가 났고 그녀를 때리는 것 외에는 방법이 없었어."라고 말할 수 있다. 치료자는 그가 자신의 반응에 대한 선택권과 통제권을 가지고 있다는 것을 깨달을 수 있도록 도와줄 수 있다. 훌륭한 소크라테스식의 질문은 다음과 같다. "당신이 치료 중에 나와 함께 있거나, 직장에서 누군가에게 화가 났을 때 당신은 지금까지 어떻게 행동하셨나요?" 혹은 "당신이 화가 났을 때, 경찰관이 당신 옆에 서 있다면 당신은 무엇을 하겠습니까?"

배우자에게 구타당하는 사람 또한 폭력의 순환(violent cycle)을 유지시키는 믿음을 가지고 있다. 흔한 믿음은 다음과 같다. "다시는 이런 일이 일어나지 않을 거야." "나는 스스로 그것을 해낼 수 없어. 그래서 나는 견디어 내는 것 외에는 선택이 없어." "나는 이런 대우를 받을 만한 잘못을 했을 거야." "우리는 결혼했고 그래서 나는 이것을 참아 내야만 해." "그들은 술에 취했고 이것은 그렇게 심각한 문제는 아니야." 등이다.

이런 종류의 믿음을 시험해 보고 폭력의 위험을 줄이기 위한 전략을 학습하는 것에 도움을 받기 위해 폭력의 위험이 높은 부부는 따로 개인상담을 받을 것을 추천한다. 가정에서 서로가 서로의 문제를 해결하기에 충분할 정도로 위기가 사라질 때까지, 이런 부부는 종종 따로 살아야 할 수도 있다. 다른 가해자 혹은 폭력의 희생자와 함께 하는 집단치료가 매우 유용하다(Nicarthy, Merriam, & Coffman, 1894; Sonkin & Durphy, 1982).

신체적 폭력이 존재하지 않는 부부에게도 강렬한 분노는 많은 고통을 줄 수 있다. 벡(A. T. Beck)이 제시한 분노의 인지 모델은 부부가 자신들의 불화의 근본 원인을 파악하는 데 도움을 준다(Beck, 1988). 벡은 대부분의 분노 반응의 기저에 상처와 두려움이 존재한다고 주장하였다. 치료자는 다음과 같은 질문을 통해 부부 각각이 가지는 분노의 기저에 존재하는 상처와 두려움을 확인하도록 도와줄 수 있다. “무엇이 당신을 화나게 합니까?” “이것은 당신에게 무엇을 의미합니까?” “이것은 당신에 대해 무엇을 말합니까?” 혹은 “이것이 지속된다면 일어날 수 있는 최악의 일은 무엇입니까?” 등의 질문이다. 치료자가 이런 질문을 반복적으로 물어보고 화가 날 때 스스로 이 질문을 해 보게 함으로써, 분노가 존재할 때마다 부부 각자는 상처와 두려움을 파악하는 것을 배우게 된다.

분노에 숨어 있는 상처와 두려움을 찾는 과정은 두 가지 장점을 가진다. 첫째, 상처와 두려움을 표현하게 하여 반응해 주어야만 분노 주기(anger dycle)가 악순환되는 것을 방지할 수 있게 된다. 둘째, 배우자의 분노 반응에 상대편이 방어적 태도나 분노로 반응하는 것은 지극히 정상적인 것이다. 그러나 상처와 두려움을 표현하면 보통 상대 배우자는 사과와 안심시키는 반응을 보이게 된다. 그러므로 만약 부부들이 분노 뒤에 숨겨진 상처와 두려움을 표현하는 것을 배울 수 있다면, 갈등은 상호적인 경청, 지지, 문제 해결로 변화될 수 있을 것이다.

배 신

외도는 종종 고통스러운 부부 생활에 선행되거나 뒤따라 발생한다. 외도가 개인 회기에서 드러날 때 치료자가 마주하게 되는 비밀 보장의 문제는 5장에서 언급하였다. 이번 절은 외도의 의미를 살펴보고, 어떻게 치료자가 내담자에게 부부관계에서 외도가 가지는 의미를 고려하게끔 도와줄 수 있는지를 소개한다.

몇몇 부부와 치료자는 일단 외도가 발생하고 나면 관계는 끝났다고 믿는다. 때때로 외도가 관계의 끝을 알리는 신호일지라도 모두가 그렇지는 않다. 외도가 드러났을 때 치료자의 중요한 임무는 외도관계가 외도를 저지른 개인과 부부관계에 어떤 의미를 지니는지 파악하는 것이다.

한 내담자는 이것은 남자라면 당연한 일이라고 생각하기에 계속 외도를 행하였다. 그의 아버지는 항상 정부를 가져왔고 그가 자랄 때 아내 외에 성적인 대상을 가지는 것의 중요성에 대하여 자신에게 이야기해 왔다. 이 남자는 진심으로 아내를 사랑했고 왜 아내가 자신의 외도에 대하여 화가 났는지 이해할 수 없었다. 왜냐하면 외도의 대상이 된 여성 중 누구도 그에게 중요한 사랑이 아니었기 때문이다. 이 믿음은 부부치료에서 논의되었고 그는 자신의 외도가 아내와의 관계를 해치고 있다는 것을 알게 되었다. 그는 외도를 그만두고 남자가 단 한 명의 여자와 성적으로 만족하는 게 가능하다는 생각을 기꺼이 시험해 보려고 하였다.

사람이 외도를 행하는 흔한 한 가지 이유는 현재 관계가 불만족스럽고 변화를 위한 희망이 없다는 것을 느끼기 때문이다. 이런 경우에 외도를 하는 사람은 일단 그들이 자신의 중요한 관계가 개선되고 있다는 것을 경험하고 나면 종종 기꺼이 외도를 중지하려고 한다.

외도를 지지하는 또 다른 흔한 믿음은 "내가 X에게 어떤 매력을 느끼고 있다면 나는 그 매력에 따라 행동해야만 한다."라는 것이다. 치료자는 소크라테스식 질문을 사용함으로써 이 믿음에 개입할 수 있다. 이 소크라테스식 질문은 개인이 삶의 많은 경우에서 자신이 강한 매력을 좇아 행동하지 않는다는 것을 발견하도록 도와줄 수 있다. 사람들은 영화배우, 선생님, 고용주, 결혼한 동료, 치료자 그리고 다른 사람들에게 낭만적인 매력을 경험하지만, 이 매력에 이끌리는 길을 택하지 않는다. 내담자의 인생에서 이런 종류의 관계를 확인하는 것은 매력이 행동을 요구하지 않는다는 것을 스스로 깨닫도록 도와줄 수 있다.

때때로 사람은 다른 누군가와 사랑에 빠졌기 때문에 외도를 한다. 이런 외도는 해결하기 가장 어려운 것이 될 수 있다. 특히 만약에 외도에 빠진 양편 모두가 절실하다고 느끼는 경우에 더욱 그렇다. 두 사람과 사랑에 빠진 사람은 그들 중 한 명을 택하거나 관계에 연관된 모든 사람에게 동의를 이끌어 내어 두 사람과의 사랑을 공식적으로 허락받기 위해 노력하는 것이 필요하다. 비록 이것이 일부 부부에게 시도해 볼 수 있는 선택권이지만, 거의 모든 부부는 일부일처가 아닌 상황의 스트레스를 감수하기 어렵다.

한 사람이 원래 배우자가 아닌 다른 사람과 사랑에 빠져 있다면, 새로운 관계를 추구하기 위해 현재의 관계를 정리하는 길을 선택할 수 있다. 이런 경우에 치료자는 그들이 이별하도록 도와줄 수 있다. 즉, 치료자는 외도에 빠진 배우자가 이런 결정을 심사숙고해 보도록 권유함으로써 부부를 도와줄 수 있을 것이다.

예를 들면, 개인에게 외도는 어떤 발달사적 변화를 회피하고자 하는 욕구를 나타내는 것일 수도 있다. "사랑이 사라졌다."는 이유로, 한 여자는 10년 동안 함께한 남편을 떠나길 원했다. 여러 개인 회기를 가진 뒤 그녀는 이전에는 장기적인 관계에 연관된 주제를 다루려고 하지 않았다는 것을 깨달았다. 남편과 함께한 친밀함과의 싸움이 그를 당황스럽게 하였던 것이다. 게다가 이전에는 자신이 감사해하지 않았던 결혼이지만 많은 긍정적인 특성이 존재했음을 깨달았다. 아마도 10년 동안 이런 동일한 관계가 새로운 관계에서도 나타날 수 있음을 고려하게 되자, 그녀는 남편이 자신을 사랑해 줄 수도 있고, 그런 문제로 싸우고 있는 자신을 도와줄 수 있는 타입의 남자이기 때문에 결혼을 지속하기로 결심하게 되었다.

종종 치료자는 비밀스럽게 간직했던 외도를 상대 배우자에게 반드시 알려야 하는지에 대하여 조언해 달라는 요구를 받는다. 이것은 외도에 빠져 있었던 사람이 결정하여야만 한다. 다음과 같은 문제들을 고려할 수 있다. 외도가 의미하는 것은 무엇인가? 외도가 드러난다면 관계에 어떤 도움이 될까, 아니면 상처가 될까? 외도를 숨긴다면 관계에 어떤 도움이 되고 상처가 될까? 관계에서 신뢰를 재건설하기 위해 어떤 단계가 취해져야 할까? 만약 외도에 대해 이야기하기로 결정하였다면 치료자는 외도를 했던 개인이 배우자에게 고백하는 것을 도와줄 수 있고, 또한 관계의 잠재적인 위기에 적응하기 위한 과정을 지지해 줄 수 있다. 그리고 치료자와 내담자는 배우자에게 외도를 치료 시간에 고백해야 하는지, 개인적으로 고백해야 하는지에 대해서도 토론할 수 있다.

마지막으로, 비밀스럽게 외도를 진행하고 있는 내담자와 작업하고 있는 치료자에게는 에이즈가 멈춰질 때까지 중요한 도덕적 질문이 부과된다. 어떤 지침으로 제시될 수는 있겠지만 치료 전문가 단체에서는 아직까지 치료자의 의무에 대한 공식적인 결정을 내어놓지는 않았다.

최소한 치료자는 다수의 상대와 섹스를 가지는 내담자와 함께 에이즈와 안전한 성행위에 대해 토론을 해야 한다. 만약 치료자가 내담자가 안전한 섹스를 하지 않는다고 믿는다면, 성적 상대자를 위해 비밀 유지의 원칙을 깰 주요한 근거가 된다.

이상적으로는 치료자는 내담자의 안전한 섹스를 격려하고 책임 있게 자신의 배우자에게 위험한 행위를 고백하도록 도와주어야 할 것이다. 인지치료는 이런 책임 있는 행위를 방해하고 있을지도 모르는 내담자의 어떤 믿음을 시험해 보는 것을 도와줄 수 있다.

치료자가 특정한 사례의 도덕적 조치에 대하여 안내를 원하면, 전문가 모임의 윤리위원회와 상담하는 것이 좋다.

한쪽은 끝내고 싶어 하는데 다른 쪽은 원하지 않을 때

한쪽 배우자는 관계를 끝내기를 원하고 다른 쪽 배우자는 그렇지 않은 경우가 자주 발생한다. 치료자는 관계를 끝내기를 원하는 개인과 함께, 관계를 정리하고 싶은 이유와 관계가 나아질 가능성이 거의 없다는 믿음이 왜곡되어 있을 가능성을 시험해 볼 수 있다. 최종적으로 관계를 끝내기로 결정된다면, 각 개인이 이런 결정에 적응하도록 도와주기 위해 특별한 치료전략을 사용할 수 있다.

남겨지는 사람은 재정과 자녀 양육권 정리와 같은 문제에 대하여 실제적인 두려움을 가지게 될 것이다. 치료자는 이런 문제를 해결하도록 도와줄 수 있다. 게다가 종종 관계가 끝나는 시기에 부부가 가지고 있었던 이별에 대한 믿음이 헤어지는 과정을 더 어렵게 만들기도 한다. 이상적으로 인지치료는 이런 믿음을 시험하도록 도와주기에 적합한 치료방법이다.

관계의 끝에 촉발되는 한 가지 사고 유형은 다음과 같은 의존성에 관련 있는 믿음이다. "나는 이 사람 없이 아무것도 해낼 수 없어." 인지치료자는 모든 애도 반응과 더불어 슬픔과 상실을 우선적으로 공감해야 할 것이다. 그다음 치료자는 정중하게 이 믿음을 시험하게끔 도와줄 수 있다. 이전이나 결혼생활 중에 자신이 배우자와 독립적으로 잘 대처했던 시기가 있는지에 관해서 질문하는 것이 하나의 전략이다. 자신이 완전히 혼자라고 판단하지 않기 위해 다른 지지자들과의 관계에 대해 살펴보는 것도 도움이 될 것이다.

다른 흔한 믿음은 "나에게 무엇인가가 잘못된 것이 틀림없어."라고 믿는 것이다. 이 가정을 시험하기 위해 치료자는 내담자에게 존경하고 좋아하는 사람과 배우자로부터 버림받아 온 다른 사람을 생각해 보도록 요청할 수 있다. 치료자는 다음과 같이 물어본다. "그들에게 무언가가 잘못됐습니까? 그들이 좋은 사람이라면 당신은 그들의 배우자가 그들을 왜 떠났다고 생각하십니까? 이런 이유 중 어떤 것이 당신의 상황에 적용될 수 있을까요?" 또 다른 전략은 자신이 관심을 가졌지만 친밀한 연인 관계를 가지지 않았던 여러 사람을 재검토하는 것이다. 내담자에게 이런 좋은 사람을 배우자로 선택하지 않았던 자신만의 이유를 조사하게 하는 것은 '훌륭하지 않다는 이유로' 관계를 정리하였던 것이 아님을 스스로 상기시키는 데 도움이 된다.

관계를 정리하고 있는 배우자 또한 믿음을 가지고 있고, 이 믿음이 이별 과정 동안 자신에게 고통을 줄 수 있다. 한 가지 흔한 반응은 그들의 배우자를 너무나 고통스럽게 한 죄책감이다. 몇몇 내담자에게는 관계를 정리할 수 있는 과정을 조사하고 배우는 것이 도움이 될 수 있다. "제가 변하는 데 도움이 될 수 있는 어떤 행동 혹은 태도가 있을까요?"라고 물어볼 수 있을 것이다.

그러나 종종 관계를 정리하는 사람의 고통은 자신이 가지고 있는 믿음으로 지지된다. "나는 이런 고통에 책임이 있다. 나는 고통이 사라지게 해야만 한다." 내담자와 함께 그들이 관계를 정리하는 이유를 재검토하는 것이 유용할 수 있다. 보통 이런 이유는 한 사람의 행동의 결과라기보다는 부부가 책임을 공유하고 있는 경우가 많다.

또한 자신이 겪어 왔던 이 고통이 유용했는지 아닌지를 토론하고, 정리하겠다는 결정을 하면서 겪었던 고통에 대해서도 이야기해 보는 것이 도움이 된다. 감정적 고통의 장점을 평가하도록 요청받은 대부분의 내담자는 고통스러운 경험이 100% 부정적이지 않았다는 것을 이해하게 된다. 이 경험을 재검토하는 과정은 배우자가 고통을 경험하고 그것으로부터 또한 배움을 경험할 수 있는 권리가 있다는 것을 내담자 스스로 깨닫도록 도와줄 수 있다.

관계의 끝에서 부부 각자에게 여러 가지 태도를 살펴보도록 도와주는 것은 여전히 미해결된 문제나 초점을 직접적으로 서로가 이야기할 수 있는 가능성을 증가시켜 줄 수 있다. 이런 식으로 개인과 부부치료는 관계를 지속시키는 것뿐만 아니라 정리하는 것을 도와줄 수도 있다.

관계를 정리할 적절한 시점은?

앞의 내용을 보다 보면 "치료자가 언제 관계를 끝내야만 하는지 어떻게 알 수 있을까요?"라는 질문이 생긴다. 퍼슨즈(J. Persons)는 이 질문을 다음과 같이 다르게 표현하였다. "관계의 실패 혹은 느린 관계 성공 때문에 부부와 함께하는 작업이 형편없는지를 당신은 어떻게 알 수 있나요?" (Persons, 1989)

이 질문에 대한 대답은 복잡하다. 첫째, 치료자는 치료의 시작에 부부가 제공한 정보에만 근거해 관계가 형편없는 것이라고 결정해서는 안 된다. 부부는 종종 절망감과 부정적인 태도로 관계를 인식하기 때문에 매우 고통스러운 상태에서 치료를 시작한다. 치료 초기의 고통이 경감될 때 부부는 그들의 삶에 대해 좀 더 긍정적인 전망을 함께 그려 나갈 수 있을 것임은 자명할 것이다.

관계를 끝낼 것인지의 결정은 부부가 해야 하는 것이다. 종종 관계는 어느 정도 개선되지만 그러고 나면 문제 있는 갈등이 표면화됨으로써 악화된다. 이런 문제의 기원을 개념화하는 치료자의 능력은 이런 잠재적인 '애로점'을 극복하고 치료를 진척시키는 데 도움이 된다. 사례개념화에 대한 퍼슨즈(1989)의 저서는 인지사례 개념화를 통해 이런 치료의 도전을 이해하고 해결하기 위한 유용한 안내를 제공한다.

치료자가 부부의 어려움 전반에 걸쳐 희망적이고 문제해결적인 자세를 취한다면 일반적으로 부부는 치료로부터 도움을 얻는다. 우울한 믿음을 가진 내담자는 우울함이 향상될 때까지 계속 부정적이고 희망이 없는 것처럼, 자신들의 문제가 성공적으로 해결될 때까지는 해결 불가능하다고 믿는다. 그러므로 종종 치료자는 정의된 문제가 해결될 수 있다는 희망을 제공해야 할 필요가 있다.

한 치료자는 6개월의 치료 기간 동안 관계가 개선되지 않았던 부부와의 작업 때문에 지도 감독을 찾게 되었다. 치료자는 절망감을 느꼈고 부부와 어떻게 작업을 진행시켜야 할지 자신이 없었다. 지도감독자는 치료과정을 방해하는 것처럼 보였던 남편과 아내의 중요한 믿음을 치료자가 개념화하도록 도와줄 수 있었다. 이런 믿음을 확인하고 나서, 치료자는 부부의 절망감을 지지하고 있었던 가정들을 시험해 보도록 도와주기 위해 치료계획을 공식화할 수 있었다. 사례 개념화는 치료자가 더 명백한 치료의 계획을 고안하도록 도왔다. 그들이 가진 방해하는 믿음을 확인하여 그것에 저항하고 난 6주 후에 치료자는 부부 사이가 발전하기 시작했다고 보고하였다.

치료자는 희망을 쉽게 포기해야만 하는가? 만약에 부부가 관계를 정리하기로 결정한다면, 치료자는 이런 결정의 장단점을 평가하도록 도와줄 수 있고, 이후 그들이 그것을 적합한 방법으로 수행할 수 있도록 도와줄 수 있다. 만약 부부가 관계를 계속 지속하기를 원한다면 치료자에게 도움을 받을 수 있을 것이다. 한 치료자가 이것을 어떻게 성취하는지 결정할 수 없다면 다른 치료자에게 그 사례를 의뢰하는 것이 바람직할 것이다.

치료자가 가지는 희망에 대해서 여기서 제시한 자세는 너무 극단적일지도 모른다. 어려운 사례를 너무나 쉽게 포기하는 오류에서 치료자가 벗어나기 위한 방법이 여기에서 언급되고 있다. 물론, 치료 결과가 너무나 명확해 관계 종결을 치료자가 제시하는 것이 합당해 보이는 사례도 역시 존재할 수 있다.

관계가 명백하게 한쪽 편에 파괴적이고 배우자가 변화조차 시도하지 않는 경우에 이런 자세가 논의될 수 있다. 만약 치료자가 파괴적인 배우자와 함께 작업하도록 노력하였는데도 실패했다면, 관계가 내담자에게 건강한 것인지 아닌지를 내담자와 함께 조사하는 과정을 치료과정에 포함시키는 것이 중요할 수 있다. 만약 내담자가 이 과정을 두려워한다면, 치료자는 내담자가 관계를 정리한 후 대처하는 것을 상상하도록 적극적으로 격려해야 하는 것까지도 필요할 수 있다.

만약 양쪽이 관계를 끝내는 것이 더 행복하겠다고 생각해 헤어지는 것에 도움을 받기 위해 내원하였다면, 치료자는 관계를 끝내기 위한 이유를 간략하게 조사한 후에 이 과정을 도와줄 수 있을 것이다. 만약 내담자가 관계를 정리하려는 희망 속에서 관계 문제로 더 이상 헤매는 것을 원하지 않는다면, 치료자가 이런 가치를 변화시키기 위해 시도하려는 노력은 부적절할 수도 있다.

부부에게 다른 정신장애가 있을 때

관계 문제 외에도 치료자는 부부에게 축 I(예: 우울, 물질, 물질 남용, 범불안장애)이나 축 II(예: 성격장애) 같은 다른 정신장애가 있는지를 확인해야 할 것이다. 때때로 이 문제는 부부관계 문제에 따라 이차적으로 발생하며, 관계와 더불어 개선될 수도 있다. 예를 들면, 한 배우자의 광장 공포증은 관계의 다른 문제를 덮는 역할을 할 수 있다. 다른 경우는 이 장애가 원래 존재했던 부부의 어려움을 더 증폭시킬 수도 있고 또는 이 장애로 인해 관계의 악화가 시작되었을 수도 있다.

이런 추가적인 장애나 다른 문제 영역을 해결하기 위해 대부분의 경우 별도의 개인치료가 추천된다. 이상적으로, 개인치료는 부부를 치료하는 치료자와는 다른 치료자가 수행하여야 한다. 만약에 이것이 현실적이지 않다면, 비밀 유지의 원칙을 주의 깊게 세분화하여 같은 치료자가 둘 다를 나누어 볼 수도 있을 것이다. 특히 만약 부부 중 한 명 혹은 두 명 모두에게 성격장애가 있다면, 신뢰에 복잡한 문제들이 존재할 것이다.

우울증(Beck, Rush, Shaw, & Emery, 1979), 불안장애(Beck, Emery, & Greedberg, 1985; Hawton, Salkovskis, Kirk, & Clark, 1989), 그리고 성격장애(Beck et al., 1990) 등과 같은 책에 다른 정신장애에 대한 인지치료가 잘 기술되어 있다. 부부와 함께 작업하고 있는 치료자가 개인치료자와 치료를 통합해서 통합 회기를 가진다면 도움이 될 것이다. 통합 회기는 개인적인 문제로 생긴 어떤 특별한 필요성에 적용될 수 있을 것이다.

만약 부부의 한 구성원이 우울하다면, 치료자는 관계에 대한 지각을 변색시키는 당사자의 비관주의나 절망감을 예상할 수 있을 것이다. 우울한 내담자는 종종 압도당해 있으며, 절망감을 느끼고 있고, 이것은 자신의 삶의 모든 면을 일반화한다. 치료자는 순응과 성공의 가능성을 증가시키기 위해 치료의 각 단계를 작은 부분으로 줄임으로써 우울한 배우자를 도와줄 수 있다. 자동적 사고 기록지는 우울증이 있는 개인 인지치료에 중요한 도구이므로, 우울한 부부의 구성원은 관계에 대한 부정적인 생각을 확인하고 시험해 보는데 쉽게 숙련되어 갈 것이다. 이런 식으로 개인 및 부부 치료는 서로를 향상시킬 수 있다. 우울증과 부부치료의 더 자세한 개괄을 원하는 독자는 비치, 샌딘, 그리고 레알니(S. R. H. Beach, E. E.

Sandeen, & K. D. O'Leary)의 연구(1990)를 참조하기 바란다.

불안한 내담자는 관계의 다른 면에 대하여 파국적인 예상이나 걱정을 할 것으로 예상된다. 불안한 내담자는 아마 관계 문제를 대처하는 것이 불가능하다고 생각할지도 모른다. 이런 경우도 역시 개인 치료가 이런 두려움을 시험하는 것을 도와줄 수 있다. 부부치료자는 이런 종류의 불안한 생각에 주의를 기울이고 있어야 하며, 문제를 대처하는 자신들의 능력에 대한 불안해하는 내담자의 자신감을 증가시키기 위해, 치료 회기 중에 기술훈련을 하면서 아주 작은 행동실험을 구상하여야 한다.

부부의 한쪽 또는 양쪽이 성격장애를 가지고 있을 때, 부부 치료자는 더 경직된 믿음 때문에 몇몇 문제 영역이 더 악화되는 것을 예상할 수 있다. 회피성 성격장애를 가진 여자는 남편이 화낼 것이고 자신을 떠날 것이라는 두려움 때문에 부부 회기에서 분노를 표현하기가 어려울 수 있다. 경계성 성격장애를 가진 남자는 아마 자신의 여자친구를 믿을 수 있는지 없는지에 대하여 계속 의문을 가질 수 있다.

각각의 성격장애를 치료하기 위한 방법을 요약한 『성격장애의 인지치료(*Cognitive Therapy of Personality Disorder*)』(Beck et al., 1990)[1]의 내용을 부부치료에서 이용해 볼 수 있다. 만약 성격장애가 부부의 작업에 매우 파괴적인 특징을 동반한다면, 추가적인 개인적 치

1) 역자 주: *Cognitive therapy of Personality Disorder*는 국내에서 『성격장애의 인지치료』(민병배 외 공역, 2008, 학지사)로 번역되어 출간되었음.

료가 필요할 수 있다. 다르게는 성격장애에 대한 작업을 부부치료와 동시적으로 진행할 수 있다. 많은 성격장애 특징은 관계에서 가장 명백하기 때문이다.

밥(남편)과 잔(아내)은 자신들의 빈번한 논쟁을 이유로 치료를 찾았는데 그때는 3년 동안의 결혼생활을 유지하는 중이었다. 논쟁은 주로 잔이 일을 마친 후 친구들과 외출을 할 때 밥의 질투에 초점이 맞추어졌다. 그는 잔이 아니라고 주장하여도 아내가 외도를 하고 있다고 확신하였다. 밥은 경계성 성격장애의 진단이 추정되는 다양한 증상을 보고하였다.

경계성 성격장애를 위한 인지 모델(Beck et al., 1990)에 따라 치료자는 밥의 부정적인 핵심 믿음으로부터 유래된 문제를 개념화하였다. "나는 훌륭하지 않아." "사람은 믿을 수 없어." "나는 나약하고 힘이 없어." 등의 부정적인 도식 외에도 밥의 생각은 경계성 성격장애에서 전형적인 극단의 흑백논리적 사고였다. 그러므로 잔이 일을 마치고 외출을 할 때 그녀에 대한 그의 불신은 극도의 경멸적인 자기 개념과 더해져 위험 신호라고 결론짓게 되었다. 그의 흑백논리적 사고는 자신의 두려움을 극단으로 몰아가도록 하였다. 잔이 늦을 때마다 그는 그녀가 외도를 하고 있고 자신을 떠날 것이라고 결론지었다. 그는 매우 무기력함을 느꼈기 때문에 이 '사실'은 밥을 놀라게 했고, 혼자가 될 것이라는 전망에 대한 그의 공포가 분노를 증폭시켰다.

이런 개념화를 고려한다면, 치료자는 밥에게 그의 인지오류, 특히 흑백논리적 사고를 인식하도록 가르침으로써 밥의 질투에 대해서 작업을 하였다. 치료자는 밥이 자신의 부정적인 생각을 연속선상에 놓아 보도록 도와주었다. 시간이 흐른 뒤, 밥은 잔을 많은 면에서 신뢰할 수 있게 되었고 그래서 잔이 신뢰 정도의 연속선상에서 상위 1/4에 있음을 볼 수 있게 되었다. 잔은 밥과 이야기를 나눌 수 있었고 밥이 훌륭하지 않다는 스스로의 평가를 약화시켜 준 특성도 지적해 주었다. 치료자는 스스로가 위협을 느꼈을 때 행할 대안적인 반응을 가르쳐 줌으로써 밥이 다소 더 통제적임을 느끼도록 도와주었다.

흑백논리적인 생각에서 벗어나 연속선상에서 사고하게 된 밥과 잔의 이런 작은 변화는 밥의 질투를 감소시키는 데 도움이 되었다. 각각의 성격장애에 따른 치료의 변화를 상세하게 설명하는 것은 이 책의 영역을 뛰어넘는 것일 수 있으나, 이런 사례는 부부가 특별한 필요를 가질 때 합동 치료를 적용하는 데 도움을 줄 수 있는 인지 개념화의 효용성을 지지하고 있다.

문화적인 초점

부부는 자신들의 문화적 경험에 따라 발생되고 지지된 믿음과 예상을 가지고 관계를 형성한다. 각 개인은 더 넓은 사회의 영향 외에도 네 가지 차원에 따라 개념화될 수 있는 개인적 문화적 역사를 가진다. 도덕적 혹은 인종적 유산, 사회경제적인 지위, 종교적 혹은 영적인 기호, 성 역할 가치 등이다(Davis & Padesky, 1989).

특히 부부와 치료자의 문화적 배경이 다를 때, 치료자는 이런 가치를 평가하는 데 민감해야 한다. 만약 치료자가 부부가 가지는 믿음의 문화적 맥락을 이해하려고 시도한다면, 그런 시도는 최소한으로는 치료적 관계를 향상시킬 것이고, 최대한으로는 치료자가 그들의 개인적인 역사와 환경에 대한 지식을 가지고 치료적 변화를 계획하는 것을 도와줄 수 있다.

한 부부가 재정에 대하여 오랫동안 말다툼을 한 후 치료에 참여하게 되었다. 치료자는 각각의 사회경제적인 역사를 조사하였다. 월트(남편)는 가난 속에서 성장했고 고난의 시간이 찾아와 자신이 가족을 부양할 수 없을지도 모른다는 불안을 매일 겪으며 살아왔다는 것을 알게 되었다. 비록 회계사로서의 그의 저축과 소득 능력에 영향을 주지는 않았지만 그의 두려움은 어린 시절 자신의 아버지가 우울증을 앓았던 시기에 직장에서 해고되어 어려운 환경을 겪었던 것에 대한 반응이었다. 아내인 밀렌은 의사의 딸로 자랐고, 월트를 집요하게 따라다니던 두려움을 상상하기 어려웠기에, 그녀가 과소비할 때마다 보이는 그의 분노를 이해하기 어려웠다.

이 부부에게 믿음과 예상에 미친 영향과 문화적 배경의 차이점을 검토하는 것은 서로의 행동에 대해 더 큰 동정심을 느끼도록 도와주었다. 그들은 개인적인 경제 역사를 기반으로 한 각자의 전망의 타당성을 고려하면서 예산 계획에 더 협동적으로 함께 일하게 되었다.

이슬람교도 여자가 자신의 결혼에 대해 도움을 얻기 위해 치료실을 방문하였다. 그녀의 문화에서는 정신과 치료가 받아들여지지 않았기 때문에 아무도 모르게 방문하였다. 그녀는 우울했고 관계에 대하여 슬픔을 느끼고 있었다. 그녀를 도와준 젊은 치료자는 우울함을 그녀의 문화와 '베일을 쓰는 것의 압박' 의 탓으로 돌렸다. 다

행히도 내담자의 문화와 친숙한 감독자는 대부분의 이란 여성에게 베일을 쓰는 것은 자부심의 중요한 부분이지 우울함의 원인이 아니라고 젊은 치료자에게 지적해 줄 수 있었다. 치료자는 내담자의 문제를 듣기 위해서 자신의 편견을 내던지는 것이 필요하였다.

게이와 레즈비언 커플

이성애 커플처럼 게이와 레즈비언 커플도 같은 문제로 치료를 찾고 같은 치료 원리를 적용한다. 게이와 레즈비언 커플과 작업하는 치료자는 이들이 직면할 수 있는 특별한 압박과 환경에도 익숙해져 있어야 한다. 레즈비언과 게이 내담자와 작업하는 치료자는 스스로 이런 삶의 편견과 현실에 익숙해 있어야 한다(American Psychological Association, 1985).

만약에 게이와 레즈비언 커플이 가족과 친구의 지지를 받지 못하고 있다면, 그들은 자신들의 관계 고민뿐 아니라 고립이라는 부가된 스트레스에 직면해 있을 것이다. 이성애 커플은 지지를 위해 종종 친구와 동료들에게 도움을 청할 수 있고 관계문제와 해결에 대하여 표준적인 정보를 모을 수 있을 것이다. 만약 레즈비언 커플이 고통 속에 빠져 있다면, 그들은 아마 이런 압박감을 동료 직원에게 언급할 수 없을 것이다. 심지어는 오직 소수의 친구만 그들이 커플 관계라는 것을 알고 있을지도 모른다.

최근(Clunis& Green, 1988)까지도 게이와 레즈비언 관계에 대한 정상적인 발전 단계를 주제로 한 저서는 거의 없었다. 이런 커플이 자신들이 경험하고 있는 몇몇 갈등이 정상적이라는 것을 깨닫는 것이 도움이 될 수 있을 것이다. 어쩌면 이런 표준적인 정보가 이성애 커플보다 더 유용할 수 있다. 왜냐하면 게이와 레즈비언 커플은 큰 문화에서 역할 모델을 가지지 않기 때문이다. 작은 공동체에서 경험을 비교할 수 있는 오직 소수의 다른 게이 커플만 있을 가능성이 크다.

만약 게이 커플 중 한쪽이 동성애에 대해 혐오적인 믿음 또는 두려움을 가지고 있다면, 관계의 문제가 "나는 아마 게이가 아닐 거야, 그것이 문제야."라고 말할 기회로 이용될 수도 있다. 게이나 레즈비언 내담자에게 인지치료자는 더 긍정적인 자기 정체감을 달성하도록 도와줄 수 있다(Padesky, 1989). 다시 말해, 이것은 동료감이 더 증진되도록 도와줄 수 있는 것이다.

많은 남성 커플은 에이즈 전염병 때문에 부가된 긴장에 직면한다. 이 남성 커플은 수십 명의 친구를 다른 세상으로 보냈고 또한 그들 스스로 치명적인 병에 잠재적으로 직면할 수 있다는 걱정 속에서 살아왔을지 모른다. 한 게이 남자는 자신을 "감정적인 충격 속에 있다. 나는 많은 친구를 잃어 왔고 나는 더 이상 울 수도 없다." 라고 하였다. 오랫동안 관계를 가져 온 커플은 재앙에 살아남은 자들이 겪는 죄책감에 마주칠 수 있다. 새로운 커플은 인정된 관계 내에서조차 안전한 성관계를 가지는 것에 대해서도 분개할지 모른다. 또한 속으로 게이의 생활양식을 받아들이지 않으며 조심스럽게 침묵하고 있었던 그들의 가족들이 지금이 기회라고 생각하여, 게이 아들 혹은 동생에게 " 똑바로 살도록 노력해라."라고 강하게 주장할 수도 있다.

이런 관계에 대한 자신의 믿음과 태도를 잘 자각하고 있는 치료자만이 게이와 레즈비언 관계의 여러 문제를 표준적인 인지치료를 통하여 잘 다루어 나갈 수 있을 것이다. 치료자가 게이이든 레즈비언이든 이성애자이든 간에 이 거대한 이성애 문화에서 게이와 레즈비언 관계에 대한 편견 없이 성장하기는 어렵다. 모든 문화와 더불어 부부의 선택된 가치 체계를 배우고 지지하는 것이 치료자의 의무인 것이다.

7 잭과 칼리의 사례*

잭과 칼리는 20대 젊은 부부로 3년 전에 결혼하여 현재 13개월 된 아이가 있다. 서로가 초혼이었다. 잭은 지역 물류창고에서 굴착기 기사로 일하고 있으며, 칼리는 시간제로 빵집에서 케이크를 만드는 일을 한다.

이 부부가 '별것도 아닌 일'로 끊임없이 싸워대자 주치의는 이들을 부부상담가에게 의뢰하였다. 부부는 잭이 최근 코카인을 사용했기 때문에 그 이후 1년 반 동안 다툼이 지속되고 있다고 말하였다 (Dattilio, 1990a).

* 이 사례는 1990년 F. M. Dattilio가 집필한 *Cognitive Marital Therapy: A case Study*에서 인용함(© The Haworth press.).

배경 정보

잭과 칼리는 친구의 파티에서 처음 만났다. 그들은 결혼하기 전 6개월가량 연애 시절을 보냈다. 결혼생활은 처음 1년에서 1년 반까지 황홀했지만, 잭이 정기적으로 코카인을 흡입한다는 사실을 칼리가 알고서 변하기 시작하였다. 이 일은 칼리가 별다른 이유 없이 통장에서 많은 돈이 빠져나가는 것을 눈치채면서 들통 나게 되었다. 칼리의 끊임없는 닦달을 통해 잭이 오랫동안 코카인을 흡입해 왔다는 사실을 고백하자 마침내 칼리는 정면으로 맞서기 시작하였다. 칼리는 잭에게 코카인을 멈추고 치료를 받으라고 요구하였다. 잭은 수차례 "알겠어."라고 약속했지만 칼리의 반복되는 잔소리를 모면하기 위한 방책이었을 뿐이었다. 마침내 칼리는 전문가에게 도움을 즉각 청하지 않으면 떠나버릴 것이라고 위협하기에 이르렀다. 그는 주치의를 만나 약 한 달 간 회복 센터에 머물면서 재활 프로그램을 받았다. 센터에서 나온 이후에도 지속적으로 치료하기 위해 2개월 동안 주 1회씩 사후 점검 방문을 하였다.

부부치료를 시작하던 시기는 잭의 치료 종료 후 3개월이 되는 시점이었다. 이 일을 제외하고는 잭과 칼리 모두 약이나 알코올 남용의 이력은 없었다. 그들은 딸 레베카와 함께 시내에서 살고 있다.

초기 평가

평가가 진행되는 초기 두 시간 동안은 잭과 칼리를 함께 만났다. 부부관계에 관한 충분한 정보를 얻고 난 후, 서로를 만나기 전 그들의 독신생활에 대해 자세히 조사하였다. 또한 그들이 자신의 부모님의 결혼생활에 대해 어떻게 인식하고 있는지에 대한 정보도 얻게 되었다. 부부치료를 하게 된 이유와 얼마나 오래된 문제인지, 한 번 문제가 생기면 어느 정도로 지속되는지, 문제를 해결하기 위해 이전에 시도해 봤던 노력(상담이나 자조모임 등), 사회생활, 적응분야와 부적응분야, 아이와의 관계, 원가족과의 관계, 그리고 약물과 알코올 사용에 대한 정보도 얻었다.

배경 정보와 별도로, 초기에는 현재 문제를 개념화하는 데 주력하였다. 이 사례에서 부부는 잭이 다시 코카인을 사용하지 않을까 하는 긴장 상태에서 거의 끊임없이 말다툼하고 싸운다는 사실에 동의하였다. 칼리는 잭을 더 이상 믿을 수 없다는 점이 걱정이라고 말했다. 칼리는 끊임없이 잭에게 어디에 있는지를 물었고, 약물이나 다른 중독성 물질(알코올과 같은) 사용에 대해 정직하게 말하는지 의심하였다. 칼리는 이미 잭이 몰래 코카인을 사용한 사실에 충격을 받았기 때문에, 그가 집을 떠날 때마다 어디서 무엇을 했는지 시간마다 낱낱이 보고하여야만 한다고 주장하였다. 칼리는 잭이 밖에서 혼자 지내다가 집에 들어오면 그때마다 집요하게 따져 물었다. 또한 가계부의 수입과 지출을 맞추는 데 집착했으며, 매주 은행에 전화를 걸어 잔액을 확인하는 방식으로 잭이 돈을 인출하지 못하게 하였다.

잭은 스스로 마약을 끊고 지내 보려고 애쓰고 있는 상황에서 칼리가 지속적으로 뒷조사하고 캐물으면서 자신을 안절부절하게 만든다는 사실이 불만이었다. 이렇게 흥분되어 싸울 때면 잭은 코카인에 의지해 이 모든 것들로부터 도망치고 싶다는 충동이 생겼다. 물론, 그런 행동을 한다면 명백하게 회복 과정과 결혼생활에 역효과라는 점을 이해하지만, 잭은 칼리의 잔소리와 말씨름이 오히려 마약을 하도록 등을 떠밀고 있다고 주장하였다.

초기 평가에서 잭과 칼리에게 결혼태도 질문지-개정판(MAQ-R; pretzer, Fleming, & Epstein, 1983)이 주어졌다. 둘은 각자 이 설문지 검사를 작성해서 다음 회기에 가져오도록 하였다.

치료자는 부부에게 결혼관계와 부부치료의 인지 모델에 대해 짧게 설명했고, 책 『사랑만으로는 살 수 없다(*Love Is Never Enough*)』(Beck, 1988)의 첫 몇 장을 읽도록 지시하였다. 그리고 잭과 칼리는 초기 평가 이후 개인 면담 약속을 잡았다.

2회기

칼리는 개인 면담 시간에 자신의 결혼 태도 질문지를 검토하였다. 그녀가 1점(매우 동의함)을 표시한 질문의 대부분은 부부관계가 변하지 않을 것이라는 불신의 영역이었다. 이 소재들은 갈등의 여러 영역 중 의제로 쓰였다.

질문들은 부부관계와 변화 가능성에 대한 칼리의 자동적 사고를 확인하는 데 사용되었다. 다음은 그녀가 부부관계에 대해 지속적으로 가지고 있던 몇 가지의 자동적 사고다.

- "잭이 변할 수 있을지 너무 의심스럽다."
- "잭은 내게 이미 수차례 거짓말을 해 왔다."
- "우리의 부부관계 전반에 대해 내가 착각해 왔던 것 같다."
- "지금 이 순간에도 잭이 밖에 나가서 마약을 할 것 같다."

자동적 사고를 통해 칼리가 부부관계에 대해 부정적인 틀을 가지고 있다는 사실을 알 수 있게 되었다. 자동적 사고를 확인하자 기저 믿음 혹은 도식이 드러나기 시작하였다. 도식의 주된 내용은 다음과 같다.

- "나는 항상 인간관계에서 운이 없었다. 나는 결코 행복해질 수 없다."
- "나는 자신을 푸대접받도록 만든다. 누구도 나를 사랑하려고 하지 않을 것이다."
- "사람들은 변하지 않는다. 그래서 잭이 변할 것이라는 생각은 비현실적이다."

이 회기의 중점 목표는 칼리가 자신과 결혼생활을 어떻게 바라보는가, 즉 무엇보다 중요한 것은 앞으로의 부부관계를 어떻게 바라보는가를 명료하고 자세하게 개념화하는 것이었다. 부정적인 편견이 관점을 왜곡하고 있고, 부부관계에 부정적인 틀을 만들고 있다는 사실이 칼리의 말과 믿음을 통해 명백하게 드러났다.

칼리가 과제에 동의함으로써 이 회기를 통해 알게 된 일일 역기능적 사고 기록지(예: p. 170)를 작성함으로써 자신의 자동적 사고를 찾아보기로 하였다.

3회기

3회기에는 잭의 개인 면담이 이루어졌다. 칼리와 유사한 방법으로 작성된 잭의 개인 면담 내용은 아래와 같다. 질문을 통해 잭이 그들 부부관계에 대해 가지고 있는 자동적 사고다.

- "나는 코카인을 멀리하기 위해 안간힘을 쓰고 있는데, 아내는 이런 내 노력을 수포로 돌아가게 하고 있다."
- "칼리는 매사를 묻고 따진다."
- "무엇을 해도 항상 죄인 취급을 당하는데 노력해 본들 무슨 소용이 있겠는가?"
- "나는 단지 한 번 실수를 했을 뿐인데, 나는 내내 마약중독자로 찍히게 되었다."

잭의 자동적 사고를 밝혀 감에 따라, 어려서부터 제대로 해낸 일이 하나도 없었다는 핵심 믿음으로부터 대부분의 사고가 나왔다는 사실을 알게 되었다. 그는 어려서 몇 차례 큰 실수를 했는데, 그 사건으로 아버지와 형제들에게 끊임없이 비난을 당해 온 것 같았다. 그는 심지어 그의 아버지가 "한 번 얼간이는 평생 얼간이"라고 했던 말을 기억하고 있었다.

잭의 기저 믿음은 아래의 주제를 가지고 있었다.

- "일단 인생이 한 번 잘못되면, 용서받기 힘들 것이다."
- "나는 아들로서도 실패했고, 남편과 아버지로서도 실패할 운명이다."

이러한 연습의 결과로, 잭은 변화하려는 노력이 실패할 것이라는 자동적 사고가 기저에 있는 믿음으로부터 어떻게 만들어 지는지를 이해하게 되었다. 그 믿음은 부부관계에 파고들었고, 둘 사이에 엄청난 긴장을 가져왔다.

주: 신뢰와 정직의 문제로 불거진 폭발 직전의 긴장을 풀어 주기 위해, 이들 사이의 핵심적 역동에 다가가는 중요한 단서를 찾아야 한다. 모든 긴장은 유사한 갈등을 만나면 다시 재현되는 경향이 있으므로 만약 이것이 해결되지 못한다면 치료가 진전되기 힘들 것이다.

일일 역기능적 사고 기록지

	상황	기분	자동적 사고	합리적 반응	결과
날짜	1. 불쾌한 기분을 야기했던 실제 사건, 또는 2. 일련의 생각, 공상, 회상들	1. 슬픔/ 불안/ 분노 등 등 세분하세요. 2. 기분을 1~100점으로 점수 매기세요.	1. 기분을 유발한 자동적 사고를 쓰세요. 2. 자동적 사고를 믿는 정도를 0~100%로 점수 매기세요.	1. 자동적 사고에 대한 합리적인 반응을 쓰세요. 2. 합리적 반응을 믿는 정도를 0~100%로 점수 매기세요.	1. 자동적 사고에 대한 믿음을 다시 0~100%로 점수 매기세요. 2. 기분을 세분해서 다시 1~100점으로 점수 매기세요.

설명: 당신이 불쾌한 기분을 경험할 때 그런 기분을 야기한 상황을 적어 보라(만약 기분이 당신이 생각하고 있거나 공상하고 있을 때 나타났다면, 역시 이것을 적어라.). 그리고 그 기분과 관련된 자동적 사고를 적어라. 이 생각을 믿는 정도를 점수 매겨라(0%=전혀 믿지 않음, 100%= 완벽하게 믿음). 기분의 정도도 점수 매겨라(1=일상적인 기분, 100= 겪어 본 가장 강렬한 기분).

4회기

4회기는 잭과 칼리가 함께하였다. 안건은 인지 모델을 재검토하는 것과 부부관계에 드러나고 있는 인지오류에 대해 주안점을 두는 것이었다. 부부간 역기능적 의사소통에 기여하는 다양하고 흔한 인지오류를 설명하였다(4장의 인지오류 참조). 다음은 잭과 칼리의 추론에 존재하는 오류의 목록이다.

1. 지레짐작: 잭이 직장에서 30분 늦게 집으로 돌아온 것을 두고 칼리는 "이 사람이 어디서 일을 벌이고 있을 거야."라고 단정했다.
2. 선택적 추상: 잭이 아침에 일어나 곧장 인사를 했는데 칼리가 대꾸하지 않았던 것을 두고 잭은 "아내가 또 나에게 화가 나 있군." 하고 결론지었다.
3. 과잉 일반화: 잭과 싸운 후에 칼리는 "남자들이란 다 그렇지."라고 말하였다.
4. 과대평가와 과소평가: 잭은 결혼생활의 문제를 살펴본 후, "일생이 이렇게 엉망이네요."라고 말하였다.
5. 나와 관련짓기: 잭은 "내 친구들이 모두 실패자로 살고 있으니, 나야말로 실패자야!"라고 말하였다.
6. 흑백논리: "잭이 마약을 했기 때문에, 앞으로 모든 일들에 대해 불신임할 수밖에 없어."
7. 명명하기와 잘못된 명명: 칼리가 식사를 준비하면서 연이어 실수를 하자, 인간으로서 저지를 법한 실수라고 여기지 못하고 "나는 아무짝에도 쓸모없는 인간이야."라고 말하였다.

잭과 칼리가 생각의 오류를 깨닫도록 이러한 실수를 강조하였다. 덧붙여 인지 모델을 좀 더 자세하게 설명해 주었다.

전반적인 인지 모델과 여러 종류의 인지오류에 대해 검토한 후, 부부는 관계가 악화되면서 서로에 대해 부정적인 틀을 갖기 시작한다고 설명해 주었다. 즉, 과거에는 서로 존경하던 모든 특징이 이제는 못마땅하고 부정적인 측면으로 비추어지는 것이다. 개별적 면담을 통해 잭과 칼리가 서로에게 가지고 있는 관점을 아래에 적어 보게 하였다.

잭이 칼리를 보는 관점

칼리의 긍정적 특성들	칼리의 부정적 특성들
• 지지적인	• 징징대는
• 알뜰한	• 구두쇠
• 원기 왕성한	• 흥분하는
• 원칙적인	• 용서를 모르는

칼리가 잭을 보는 관점

잭의 긍정적 특성들	잭의 부정적 특성들
• 재미있는	• 지나친 유흥
• 충직한	• 친구들에게 너무 헌신적인
• 자유로운 영혼을 가진	• 믿을 수 없는
• 말을 조리 있게 잘하는	• 거짓말쟁이

치료자는 계속해서 부부가 어떻게 갈등을 다루는지 살펴보았다.

치료자: 좋아요. 자, 이제 가장 우선적으로 다루어야 할 갈등, 즉 잭

이 마약을 하지 않고 버틸 수 있을지에 대한 칼리의 믿음과 칼리에게 앙갚음하려고 다시 마약에 빠지지 않을까 하는 잭의 두려움에 초점을 맞춰 볼게요.

칼 리: 맞아요. 저 사람이 내게 수없이 거짓말을 했기 때문에 지금은 완전히 회의적이에요. 나는 이 사람이 변할 수 있을지 정말 의심스럽고, 기운이 다 빠져 버렸어요.

치료자: 그래요. 칼리, 당신은 이 상담 과정에 대해서도 매우 낙관적이지 않은 것 같네요. 잭은 어때요?

잭: 글쎄요, 칼리는 공정하지 못해요. 저는 아내가 원하는 것이 무엇인지 정말 모르겠어요. 저는 재활과정에 들어갔거든요! 거의 3개월 동안 완벽하게 마약을 끊은 상태로 지내왔어요. 아내는 내 뒷통수만 노리고 있다고요.

칼 리: (가로막으며) 좋아. 당신이 집에 5시 30분까지 오겠다고 말해 놓고, 6시 45분에나 들어오더군. 그걸 내가 어떻게 생각해야 해?

치료자: 좋아요. 우리는 서로가 말하는 것을 끝까지 들어볼 필요가 있어요. 두 분이 또 말다툼을 하신다면 그다지 생산적인 상담이 되지 못할 겁니다. 그래서 상대가 말할 때 서로 끼어들지 않도록 규칙을 하나 정하는 건 어떨까요?

잭: 예, 저는 동의합니다. 하지만 누구도 칼리가 말하는 것을 막을 순 없을걸요.

치료자: 글쎄요. 잭, 제가 즉시 칼리에게 말할 겁니다. 잭, 당신은 동의하신다고요?

잭: 네, 약속합니다.

치료자: 그래요. 이제 칼리, 당신은 이 규칙에 동의하실 수 있나요?

칼　　리: 모르겠어요. 남편이 수없이 거짓말을 했어요. 산적한 문제들을 떠안은 채 저 사람의 말 따위나 듣고 있어야 하나요.

치료자: 음……. 일단 이렇게 합시다. 잭이 하는 말을 들으면서 떠오르는 당신의 생각, 우리가 앞서 배웠던 자동적 사고를 적어 줄 수 있겠어요?

칼　　리: 지금 당장이요?

치료자: 네, 지금 시간에요. 우리가 개인 면담을 할 때 제가 했던 방법처럼요.

칼　　리: 뭔지 알겠어요.

치료자: 이제, 펜으로 공책에 잭이 마지막 한 말에 대한 당신의 자동적 사고를 적어보세요. 제 기억으로 '나는 재활과정에 들어갔고 3개월 동안 잘 지내왔다. 칼리는 단지 내 뒤통수만 노리고 있다.' 라고 했던 것 같네요.

(칼리가 자동적 사고를 적는 데 수분의 시간이 흘렀다.)

칼　　리: 됐어요. 여기요.

치료자: 칼리, 큰 소리로 읽어 주실 수 있나요?

칼　　리: 네, 1. 겨우 석 달 주제에 잭은 습관을 버렸다고 여긴다. 2. 내가 단단히 경계를 하지 않으면, 남편은 그 즉시 마약을 다시 할 것이다. 3. 잭은 내게 뭘 원하느냐고 묻는다. 나는 단지 마약을 끊어서 우리의 결혼생활을 엉망으로 만들지 않았으면 하는 것이다. 4. 잭이 그 망나니 친구들을 만나러 나갈 때마다 재발에 한 발짝 다가가는 것이다.

치료자: 좋아요, 잘하셨어요. 자, 칼리, 당신이 적은 각각의 내용에 대해 증거를 대 보도록 하고, 그런 다음에는 그렇지 않은 증거를 찾아 그 두 가지를 저울질해 보도록 하지요. 그리고 앞서 우리가 알아보았던 인지오류의 어느 것에 해당하는지 이름을 붙여 보기로 하죠. 당신의 첫 번째 생각을 예를 들어 볼까요. 당신은 '석 달 주제에 잭은 습관을 버렸다고 여긴다.' 라고 말했어요. 자, 이제 잭이 정말 그렇게 믿고 있다는 증거와 그가 3개월 간 마약을 끊고 있다는 사실을 뒷받침할 증거가 있나요?

칼　리: 글쎄요. 사실 그런 것은 없지요. 단지 그가 하도 거들먹거려서 그렇지.

치료자: 거들먹거린다고요? 아님 그가 자신감이 넘치는 태도를 가지고 있다는 말인가요?

칼　리: 글쎄요. 자신감이 있다고 할 수도 있겠지요.

치료자: 좋아요. 그러니까 단지 잭의 자신감 넘치는 태도 때문에 잭이 그렇게 믿고 있을 거라고 생각했다는 거군요. 그런가요?

칼　리: 네, 사실 뒷받침할 만한 증거란 건 없어요.

치료자: 그렇다면 이런 왜곡된 생각은 어떻게 이름붙일 수 있을까요?

칼　리: 아마도 '선택적 추상' 과 '잘못된 명명' 인 것 같네요.

치료자: 맞습니다. 그렇다면 대안적 생각을 적어 볼 수 있을까요?

칼　리: 글쎄……. 어디 보자. 1. 사실, 3개월은 잘해 왔어요. 잭이 가장 오랫동안 약을 중단한 기간이지요. 그가 이렇게 지내게 된 데는 긍정적인 태도가 가장 중요한 역할을 하고 있지요. 그건 좋은 신호예요.

치료자: 좋아요. 나쁘지 않네요. 이제 칼리의 나머지 생각들 역시도 이런 식으로 바꿔 보도록 하지요.

(치료자는 칼리로 하여금 잭이 보는 앞에서 증거를 찾고, 자동적 사고에 대한 대안적 반응을 쓰도록 하였다. 이렇게 함으로써 잭은 칼리가 자신이 한 말을 조정하기 위해 노력하는 것을 지켜볼 수 있었다. 칼리의 나머지 생각은 다음의 인지오류와 함께 적었다.)

자동적 사고	인지오류	대안적 사고
"내가 단단히 경계를 하지 않으면, 남편은 그 즉시 마약을 다시 할 것이다."	과잉 일반화	"이를 지지할 만한 근거는 없다. 아마도 내가 경계를 조금 푸는 것은 잭에게 약을 끊고 지내는 것에 대한 보상이 될 수도 있다."
"우리 결혼생활을 엉망으로 만들지 않기 위해 잭이 마약을 끊길 바란다."	과대평가	"잭에게 기회를 줘 봐야 한다. 3개월 간 잘 지냈잖아. 만약 재발한다고 해도 그것이 우리 결혼생활을 엉망으로 만드는 것은 아니야."
"잭이 망나니 친구들을 만나러 나갈 때마다 재발에 한 발짝 다가서는 것이다."	선택적 추상	"반드시 그런 것은 아니다. 잭은 조절할 수 있다. 어디에 있느냐가 아니라, 그가 스스로에게 뭐라고 말하느냐에 달린 일이다. 내가 잭을 지지하면 할수록 잭은 더욱 밖으로 나가려 하지 않고, 코카인을 사용하려고도 하지도 않을 것이다."

* 짧게 하려고 발췌된 내용을 편집한다. 실제 인지 재구조화 과정은 칼리의 저항과 완고함 때문에 상당히 많은 시간이 걸렸다.

치료자: 이제 잭, 우리가 아까 말했던 내용에 대한 자동적 사고를 살펴볼까요. 자 어떤 생각을 가지고 있지요?

잭: 제 생각은요. 1. 신이여, 또 저렇게 말한다. 저 여자는 잠시도 쉬

지 않고 불만거리를 만든다. 2. 때때로 나는 칼리가 나를 실패하도록 만드려 한다고 믿는다. 3. 만약 내가 실패하면 다 날아갈 것이고, 결혼생활도 끝날 것이다.

치료자: 좋아요. 이제 칼리가 했던 방식과 마찬가지로 대안적 생각을 찾아 부정적인 자동적 사고를 바꿔 볼 수 있을까요?

자동적 사고	인지오류	대안적 사고
"또 저렇게 말한다. 잠시도 쉬지 않고 불만거리를 만든다."	지레짐작	"이건 그저 칼리가 자신을 표현하는 방식이야. 그녀가 나를 비난한다는 뜻은 아니야."
"때때로 나는 칼리가 나를 실패하도록 만드려 한다고 믿는다."	나와 관련짓기	"말도 안 된다. 만약 칼리가 결혼생활을 끝내길 원한다면, 나를 실패하게 만들지 않고서도 끝낼 수 있다."
"만약 내가 실패하면 모든 것이 날아갈 것이고, 결혼생활도 끝날 것이다."	흑백 논리	"만약 내가 실패한다면 판단을 잘못한 것이고, 다시 시작할 것이다. 세상이 끝나는 것은 아니다."

(상대방으로 하여금 이러한 자동적 사고를 재구조화하는 것을 목격하도록 함으로써 상대를 긍정적인 측면에서 볼 수 있도록 하였다. 그들은 또한 서로가 다른 시각에서 사물을 보려고 노력하는 모습을 지켜볼 수 있었다. 이것은 종종 상대를 존중하는 긍정적인 영향을 가져다준다.)

치료자: 좋아요. 이제 이러한 작은 노력의 결과로 두 분은 지금 어떻게 생각을 하게 되었나요?

잭: 글쎄요. 제 개인적으로는 내 상황에 대해 낙관적으로 볼 수도 있구나 하는 생각을 했습니다만, 아내가 앞으로 이런 생각을 벗어날 수 있을지에 대해서는 여전히 의심스럽네요. 우리가 진료실을 떠나자마자 예전의 부정적인 상태로 되돌아가 버릴 겁니다.

칼　리: 저 역시도 같은 생각을 하고 있어요. 그가 변화를 위해 색다르게 말하는 것을 듣는 건 좋은데, 전 아직도 잭을 믿지 못해요.

치료자: 분명히 더욱 지속적인 변화가 올 때가 있습니다. 어쨌든 이번 시간의 핵심은 두 분이 자신들의 생각을 점검하고 약간의 조정을 해 봄으로써 어떻게 관점이 바뀔 수 있는지를 그려 볼 수 있었을 것입니다. 여러분이 과제로 이러한 연습을, 특히 여러분이 서로에 대해 화가 날 때마다 이 연습을 지속하시기 바랍니다. 또 검은색 스티커를 드릴 텐데, 5개나 10개를 자신들의 옷가지에 붙이고 집 주변을 산책하십시오. 이때 상대방이 긍정적이거나 칭찬하는 말을 당신에게 했다면 상대의 옷에서 스티커를 하나씩 제거하세요.

칼　리: 이건 유치한 것 같아요. 안 그래?

치료자: 아마 그렇게 생각할 수도 있겠지만, 막상 시도해 보고 나면 당신이 어떻게 느끼게 될지 아마 깜짝 놀랄 겁니다.

(치료자는 과제를 충분히 할 수 있으면서 시간을 낭비하지 않게끔 1주일이 넘지 않도록 치료 약속을 잡았다.)

6회기

6회기에는 이전 회기의 과제를 확인하였다. 잭과 칼리는 치료 시간에 임박하여 발생한 작은 문제를 제외하고는 일주일 동안을 대체로 평탄하게 보냈다고 하였다. 다툼에 대해 재분석해 보니, 그들의 갈등은 숙제를 하지 않는 결과로 이어졌고, 이전의 부정적 틀로 되돌아갔음을 보여 주었다. 부부에게 여전히 불씨로 남아 있는 그 문제에 대해 대안적 사고 적기, 증거 찾기, 그리고 인지오류 파악하기를 통해 다시 검토하고, 자신들의 자동적 사고를 다시 분석하도록 권하였다.

추가 기법 중 하나인 '예상 시험하기'를 소개하였다. 회기 사이 1주일 동안 칼리는 잭이 아무런 말도 없이 은행에서 50달러를 인출한 사실을 알게 되었다. 칼리는 분명히 잭이 그 돈으로 마약을 샀을 것이고, 잭이 실토할 때까지 또 싸워야겠구나 생각하였다. 치료자는 잭에게 위협적이지 않은 방식으로 직접 물음으로써 그녀의 예상을 시험해 보기로 하고, 칼리로 하여금 잭에게 그 돈의 쓰임에 대해 물어보도록 지시하였다. 칼리가 묻자, 잭은 새로운 작업화가 필요했기 때문에 그것을 사려고 그날 아침 돈을 인출한 것이라고 설명하였다. 잭이 칼리에게 영수증을 보여 주어 그 사실이 입증되었다.

일단 그들에게 싸움의 위험이 사라지자 합리적인 태도로 함께할 수 있게 되었고, 치료자는 『파트너십의 문제(*Problems in the partnership*)』(Beck, 1988, 국내 미발간), 『의사소통방식의 문제(*Problems in the style of communication*)』(Beck, 1988, 국내 미발간) 등의 추가 도서목록을 소개하였다. 이 책들은 잭과 칼리에게 갈등을 야기하는 지점을 정확히 알고 앞으로의 치료 방향을 세우는 데 도움을 주었다.

추후 회기

갈등이 가라앉음에 따라 잭은 수행능력을 향상시키고 코카인 사용의 유혹을 피하는 데 전념할 수 있었다. 잭은 다시금 재활 클리닉의 상담을 받았다. 또한 잭과 칼리는 중독자를 위한 부부의 지지모임에 참석하도록 권유받았다.

이어 회기는 서로의 의존적 욕구와 그들의 관계가 망가지는 것에 대한 두려움에 집중하였다. 치료과정은 약 6개월이었고 총 20회기가 진행되었다. 1년이 경과한 후 두 사람은 마약문제가 재발되지 않은 채 비교적 평화적인 관계를 유지하고 있다.

요 약

이 사례는 만약 치료를 시작하지 않았더라면 이혼으로 발전할 수 있는 상황이었다고 추측한다. 인지적 접근은 갈등 상황을 정확히 짚어 내는 데 성공했고, 관계의 좀 더 심층적인 문제를 부부가 다루도록 도움을 주었다.

8 결론

오래된 격언에 "행하는 것보다 말이 쉽다."가 있는데 이는 바로 상담과 정신치료 영역에 적용되는 말이다. 여러 다양한 기법과 중재 방법에 대한 책을 읽는 것은 그것을 임상 실제에 적용하는 것보다 훨씬 쉬운 일이 될 것이다.

이 책이 독자에게 부부의 인지치료에서 기초적인 임상 지식을 전달하기를 기대한다. 다른 것과 마찬가지로 새롭게 습득된 기술에는 연습이 매우 중요하다. 그러므로 치료자가 이 책에서 언급된 여러 기법을 자신이 익숙한 기술 목록에 담기 위해 충분한 시간과 인내를 가지고 시도해 본다면 아마도 최상의 결과를 가져다 줄 것이다.

또한 특정 기법은 전반적인 인지 모델과 별개로 사용될 수도 있다. 즉, 무리하게 전체를 적용하려고 하지 말고, 다른 치료 모델에 추가로 사용하는 것이 나을 수도 있다. 결국 이러한 기법은 갈등의 위험을 낮추기 위한 훌륭한 도구가 되고, 특히 불안정한 부부에게 도움이 될 것이다. 만약 철학과 이론을 모두 포함한 인지치료를 사용한다면 보다 강력한 도구가 될 것이고, 임상의로 하여금 사례 개념화와 중재 기법에 훌륭한 틀을 제공해 줄 것이다.

참고문헌

Abrahms, J. L. (1982, November). *Inducing a Collaborative Set in Distressed Couples: Nonspecific Therapist-Patient Issues in Cognitive Therapy.* Paper presented at the Annual Meeting of the Association for the Advancement of Behavior Therapy, Los Angeles, CA.

Abrahms, J. (1983). Cognitive-behavioral strategies to enhance a collaborative set in distressed couples. In A. Freeman (Ed.), *Therapy with Couples and Groups* (pp.125-156). New York: Plenum.

Abrahms, J.,& Spring M. (1989). The flip-flop factor. *International Cognitive Therapy Newsletter, 5*(1), 1, 7-8.

Adler, A. (1936). The neurotic picture of the world. *International Journal of Individual Psychology, 2,* 3-10.

American Psychological Association. (1985). *A Selected Bibliography of Lesbian and Gay Concerns in Psychology: An Affirmative Perspective.* Washington, DC: Author.

Arnold, M. (1960). *Emotions and Personality (Vol. 1).* New York: Columbia University Press.

Aylmer, R. (1986). Bowen family systems marital therapy. In N. S. Jacobson & A. S. Gurman (Eds.), *Clinical Handbook of Marital Therapy.* New York: Guilford.

Azrin, N. H., Naster, B. J., & Jones, R. (1973). A rapid learning-based procedure for marital counseling. *Behavior Research and Therapy, 11,* 365-382.

Bandura, A. (1977). *Social Learning Theory.* Englewood Cliffs, NJ: Prentice-Hall.

Baucom, D. H. (1981, November). *Cognitive Behavioral Strategies in the Treatment of Marital Discord.* Paper presented at the Annual Meeting of the Association for the Advancement of Behavior Therapy, Toronto, Canada.

Baucom, D., & Epstein, N. (1990). *Cognitive-Behavioral Marital Therapy.* New York: Brunner/Mazel.

Beach, S. R. H., Sandeen, E. E., & O' Leary, K. D. (1990). *Depression in Marriage: A Model for Etiology and Treatment.* New York: Guilford.

Beck, A. T. (1963). Thinking and depression: 1. Idiosyncratic content and cognitive distortions. *Archives of General Psychiatry, 9,* 324-333.

Beck, A. T. (1964). Thinking and depression: 2. Theory and therapy. *Archives of General Psychiatry, 10,* 561-571.

Beck, A. T. (1964). *Depression: Clinical, Experimental, and Theoretical Aspects.* New York: Hoeber. (Republished as *Depression: Causes and Treatment.* Philadelphia: University of Pennsylvania, 1972)

Beck, A. T. (1970). Cognitive therapy: Nature and relation to behavior therapy. *Behavior Therapy, 1,* 184-200.

Beck, A. T. (1976). *Cognitive therapy and Emotional Disorder.* New York: International Universities Press.

Beck, A. T. (1986, June 28). Treating depression: Can we talk? [Letter to the Editor]. *Science News,* p.12.

Beck, A. T. (1988). *Love Is Never Enough.* New York: Harper & Row.

Beck, A. T., & Emery, G. (1979). *Cognitive therapy of Anxiety and Phobic Disorders.* Philadelphia: Center for Cognitive therapy.

Beck, A. T., & Emery, G., & Greenberg, R. (1985). *Anxiety and Phobic: A Cognitive Approach.* New York: Basic Books.

Beck, A. T., & Epstein, N., Brown, G., & Steer, R. A. (1985, November). *An Inventiry of Measuring Clinical Anxieties.* Paper presented at the Annual Meeting of the Association for Advancement of Behavior Therapy, Houston, TX.

Beck, A. T., Freeman, A., Pretzer, J., Fleming B., Davis, D., Ottaviani, R., Beck, J.Somon, K., Padesky, C., Meyer, J., & Trexler, L. (1990). *Cognitive therapy of Personality Disorders.* New York: Guilford.

Beck, A. T., Kovacs, M., & Weisman, A. (1979). Assessment of suicidal intention: The scale for suicidal ideation. *Journal of Consulting and Clinical Psychology, 47,* 343-352.

Beck, A. T., Laude, R., & Bohnert, M. (1974). Ideation components of anxiety neurosis. *Archives of General Psychiatry, 31,* 319–325.

Beck, A. T., & Padesky, C. (1987, May). *New Directions in Cognitive Therapy.* Workshop presented in Seattle, WA.

Beck, A. T., & Rush, A. J. (1978). Cognitive approaches to depression and suicide. In G. Servan (Ed.), *Cognitive Defects in the Development of Mental Illness* (pp.235–257). New York: Brunner/Mazel. (Published under the auspices of Kitty Foundation)

Beck, A. T., Rush, A. J., Shaw, B. F., & Emery, G. (1979). *Cognitive Therapy of Depression.* New York: Guilford.

Beck, A. T., Schuyler, D., & Herman, I. (1974). Development of suicidal intent scales. In A. T. Beck, H. L. P. Resnik, & D. J. Lettieri (Eds.). *The Prediction of Suicide* (pp. 45–46). Bowie, MD : Charles Press.

Beck, A. T., Ward, C. H., Mendelson, M., Mock, J. E., & Erbaugh, J. K. (1961). An inventory for measuring depression. *Archives of General Psychiatry, 4,* 561–571.

Beck, A. T., Weisman, A., Lester, D., & Trexler, L. (1974). The measurement of pessimism: The hopelessness scale. *Journal of Consulting and Clinical Psychology, 42,* 861–865.

Blakburn, I. M., Bishop, S., Glen, A. M., Wholley, L. J., & Christie, J. E. (1981). The efficacy of cognitive therapy in depression: A treatment trial using cognitive therapy and psychotherapy, each alone and in combination. *British Journal of psychiatry, 139,* 181–189.

Burns, D. (1980). *The Feeling Good: The New Mood Therapy.* New York: Signet.

Burns, D. (1989). *The Feeling Good Handbook.* New York: William Morrow & Co.

Butcher, J., Dahlstrom, W. G., Graham, J. R., & Tellegen, A. (1989). *The Minnesota Multiphasic Personality Inventory–2.* Minneapolis: University of Minnesota Press.

Clunis, D. M., & Green, G. D. (1988). *Lesbian Couples.* Seattle, WA: The Seal Press.

Dattilio, F. M. (1987). The use of paradoxical intention in the treatment of panic attacks. *Journal of Counseling and Development, 66,* 102–103.

Dattilio, F. M. (1988). Relation of experience in sex and panic: A preliminary note. *The Cognitive–Behaviorist, 10,* 3–4.

Dattilio, F. M. (1989a). A guide to cognitive martial therapy. In P. A. Keller & S. R.

Heyman (Eds.), *Innovations in Clinical Practice: A Source Book* (Vol. 8, pp. 27–42). Sarasota, FL: Professional Resource Exchange.

Dattilio, F. M. (1989b). Cognitive Therapy with distressed couples: Part One. *Clinical Advances in the Treatment of Psychiatric Disorder, 3*(4), 1–10.

Dattilio, F. M. (1989c). Cognitive Therapy with distressed couples: Part Two. *Clinical Advances in the Treatment of Psychiatric Disorder, 3,* 10 and 16.

Dattilio, F. M. (1990a). Cognitive marital therapy : A case study. *Journal of Family Psychotherapy, 1,* 15–31.

Dattilio, F. M. (1990b). Symptom induction and decatastrophization in the treatment of panic. *Journal of Mental Health Counseling, 12,* 515–519.

Davis, D., & Padesky, C. (1989). Enhancing cognitive therapy with women. In A. Freeman, K. Simon, L. Beutler, & H. Arkowitz (Eds.) *Comprehensive Handbook of Cognitive Therapy* (pp.553–557). New York: Plenum.

Doherty, W. J. (1981). Cognitive processes in intimate conflict: 1. Extending attribution theory. *American Journal of Family Therapy, 9,* 5–13.

Edwards, D. (1989). Cognitive restructuring through guided imagery: Lessons from Gestalt therapy. In A. Freeman, K. Simon, L. Beutler, & H. Arkowitz (Eds.), *Comprehensive Handbook of Cognitive Therapy* (pp.283–297). New York: Plenum.

Ellis, A. (1954). *The American Sexual Tragedy.* New York: Twayne and Grove Press. (Revised edition, New York: Lyle Stuart and Grove Press, 1962).

Ellis, A. (1962). *Reason and Emotion in Psychotherapy.* New York: Lyle Stuart

Ellis, A. (1973). Are cognitive–behavior and rational–emotive therapy synonymous? *Rational Living, 8,* 8–11

Ellis, A. (1977). The nature of disturbed marital interactions. In A. Ellis & R. Grieger (Eds.), *Handbook of Rational–Emotive Therapy.* New York: Springer.

Ellis, A. (1980). Rational–emotive therapy and cognitive–behavior therapy: Similarities and differences. *Cognitive Therapy and Research, 4,* 325–340.

Ellis, A., & Harper, R. A. (1961). *A Guide to a Successful Marriage.* North Hollywood, CA: Wilshire Books.

Ellis, A., Sichel, J. L., Yeager, R. J., DiMattia, D. J., & Digiuseppe, R. (1989). *Rational–Emotive Couples Therapy, Psychology Practitioners Guidebooks.* New York: Pergamon.

Epstein, N. (1982). Cognitive therapy with couples. *The American Journal of Family Therapy, 10,* 5–16.

Epstein, N. (1986). Cognitive marital therapy: A multilevel assessment and intervention. *Journal of Rational-Emotive Therapy, 4,* 68-81.

Epstein, N., & Eidelson, R. J. (1981). Unrealistic beliefs of clinical couples: Their relationship to expectations, goals and satisfaction. *American Journal of Family Therapy, 9,* 13-22.

Fincham, F., & O'Leary, D. K. (1983). Casual inferences for spouse behavior in maritally distressed and nondistressed couples. *Journal of Social and Clinical Psychology, 1,* 42-57.

Finkelhor, D., Gelles, R., Hotaling, G., & Straus, M. (Eds.). (1983). *The Dark Side of Families.* Beverly Hills, CA: Sage.

Freeman, A., & White, D. (1989). Cognitive therapy of suicide. In A. Freeman, K. M. Simon, H. Arkowitz, & L. Beutler (Eds.), *Comprehensive Handbook of Cognitive Therapy.* New York: Plenum.

Gangley, A. (1981). *Participant and Trainer's Manual for Working with Men Who Batter.* Washington, DC: Center for Women Policy Studies.

Geiss, S. K., & O' Leary, K. D. (1981). Therapists ratings of frequency and severity of marital problems: Implications for research. *Journal of Marital & Family Therapy, 7,* 515-520.

Gelles, R. J. (1972). *The Violent Home: A Study of Physical Aggression Between Husbands and Wives.* Beverly Hills, CA: Sage.

Gottman, J., Notarius, C., Gonso, J., & Markman, H. (1976). *A couples Guide to Communication.* Champaign, IL: Research Press.

Hawton, K., Salkovskis, P., Kirk, J., & Clark, D (Eds.) (1989). *Cognitive-Behavior Therapy for Psychiatric Problems: A Practical Guide.* Oxford: Oxford University Press.

Hollon, S. D., DeRubeis, R. J., Evans, M. D., Tauson, V. B., Wiemer, M. J., & Garvey, M. J. (1985). *Combined Cognitive-Pharmacotherapy Versus Cognitive Therapy Alone in the Treatment of Depressed Outpatients: Differential Treatment Outcomes in the CPT Projects.* Unpublished manuscript, University of Minnesota and St. Paul-Ramsey Medical Center, Minneapolis-St. Paul, MN.

Holtzworth-Munroe, A., & Jacobson, N. S. (1985). Casual attributions of married couples: When do they search for causes? What do they conclude when they do? *Journal of Personality and Social Psychology, 48,* 1398-1412.

Horney, K. (1950). *Neurosis and Human Growth: The Struggle Towards Self-*

Realization. New York: Norton.

Jacobson, N. S. (1983). Beyond empiricism: The politics of marital therapy. *American Journal of Family Therapy, 11,* 11–24.

Jacobson, N. S. (1984). A component analysis of behavioral marital therapy: The relative effectiveness of behavior exchange and problem solving training. *Journal of Consulting and Clinical Psychology, 52,* 295–305.

Jacobson, N. S., & Margolin, G. (1979). *Marital Therapy: Strategies Based on Social Learning and Behavior Exchange Principles*. New York: Brunner/Mazel.

Jacobson, N. S., McDonald, D. W., Follette, W. C., & Berley, R. A. (1985). Attributional processes in distressed and nondistressed married couples. *Cognitive Therapy and Research, 9,* 35–50.

Kelly, G. A. (1955). *The Psychology of Personal Constructs*. New York: Norton.

Kelly, J. (1988). Long–term adjustment in children of divorce: Converging findings and implications for practice. *Journal of Family psychology, 2,* 119–140.

Kovacs, M., & Beck, A. T. (1979). Cognitive–affective processes in depression. In C. E. Izard (Ed.), *Emotions in personality and Psychopathology* (pp.417–442).New York: Plenum.

Kovacs, M., Rush, A. J., Beck, A. T., & Hollon, S. D. (1981). Depressed outpatients treated with cognitive therapy or pharmacotherapy: A one–year follow–up. *Archives of General Psychiatry, 38,* 33–39.

Lazarus, R. (1966). *Psychological stress and the coping process*. New York: McGraw–Hill.

Lazarus, A. (1985). *Marital Myths*. San Luis Obispo, CA: Impact Publishers.

Liberman, R. P. (1970). Behavioral approaches to family and couple therapy. *American Journal of Orthopsychiatry, 40,* 106–118.

Liberman, R. P., Wheeler, E., & Sanders, N. (1976). Behavioral therapy for marital disharmony: An educational approach. *Journal of Marriage and Family Counseling, 2,* 383–395.

Mahoney, M. J. (1974). *Cognition and Behavior Modification*. Cambridge, MA: Ballinger.

Mahoney, M., & Lyddon, W. (1988). Recent development in cognitive approaches to counseling and psychotherapy. *Counseling Psychology, 16,* 190–234.

Margolin, G. (1983). Behavior marital therapy: Is there a place for passion, play, and other non–negotiable dimensions? *Behavior Therapist, 6,* 65–68.

Margolin, G., Christensen, A., & Weiss, R. L. (1975). Contracts, cognition, and change: A behavioral approach to marriage therapy. *Counseling Psychologist, 5,* 15–25.

Margolin, G., & Weiss, R. L. (1978). Comparitive evaluation of therapeutic components associated with behavioral marital treatments. *Journal of Consulting and Clinical Psychology, 46,* 1476–1486.

Marlatt, A., & Gordon, J. (Eds.). (1985). *Relapse Prevention: Maintenance Strategies in Addictive Behavior Change.* New York: Guilford.

McKay, M., Rogers, P., & McKay, J. (1989). *When Anger Hurts: Quieting the Storm Within.* Oakland, CA: New Harbinger Publications.

Meichenbaum, D. (1977). *Cognitive– Behavior Modification: An Integrative Approach.* New York: Plenum.

Murphy, G. E., Simmons, A. D., Wetzel, R. D., & Lustman, P. J. (1984). Cognitive therapy versus tricyclic antidepressants in major depression. *Archives of General Psychiatry, 41,* 33–41.

Neidig, P. & Friedman, D. (1984). *Spouse Abuse: A Treatment Program for Couples.* Champaign, JL: Research Press.

NiCarthy, G. (1982). *Getting Free: A Handbook for Women in Abusive Relationships.* Seattle, WA: The Seal Press.

NiCarthy, J., Merriam, K., & Coffman, S. (1984). *Talking It Out: A Guide for Groups for Abused Women.* Seattle, WA: The Seal Press.

Ottaviani, R., Beck, A. T. (1987). Cognitive aspects of panic disorder. *Journal of Anxiety Disorders, 1,* 15–28.

Padesky, C. (1986, November). *Fundamentals of Cognitive Therapy of Depression.* Workshop presented in Costa Mesa, California.

Padesky, C. (1989). Attaining and maintaining positive lesbian self–identity: A cognitive therapy approach. *Women & Therapy, 8,* 145–156.

Pagelow, M. (1981). *Women Battering: Victims and Their Experiences.* Beverly Hills CA: Sage.

Patterson, C. H. (1980). *Theories of Counseling and Psychotherapy* (3rd ed.). New York: Harper & Row.

Patterson, C. H. (1986). *Theorise of Counseling and Psychotherapy* (4th ed.). New York: Harper & Row.

Patterson, G. R., & Hops, H. (1972). Coercion, a game for two: Intervention techniques for marital conflict. In R. E. Urich & P. Montjoy (Eds.). *The Experimental Analysis of Social Behavior* (pp. 424–440). New York:

Appleton-Century Crofts.

Persons, J. (1989). *Cognitive Therapy in Practice: A Case Formulation Approach.* New York: Norton.

Persons, J., Burns, D., & Perloff, J. (1988). Predictors of dropout and outcome in cognitive therapy for depression in a private practice setting. *Cognitive Therapy and Research, 12,* 557-575.

Pretzer, J., & Fleming, B. (1989). Cognitive-behavioral treatment of personality disorders. *The Behavior Therapist, 12*(5), 105-109.

Pretzer, J., & Fleming, B., & Epstein, N. (1983, August). *Cognitive Factors in Marital Interaction: The Role of Specific Attributions.* Paper presented at the World Congress of Behavior Therapy, Washington, DC.

Primakoff, L., Epstein, N., & Covi, L. (1986). Homework compliance: An uncontrolled variable in cognitive therapy outcome research. *Behavior Therapy, 17,* 443-446.

Raven, B., Center, R., & Rodrigues, A. (1975). The bases of conjugal power. In R. E. Cromwell & D. H. Olson (Eds.), *Power in Families.* New York: Jone Wiley and Sons.

Revenstorf, D.(1984). The role of attribution of marital distress in therapy. In K. Hahlweg & N, S. Jacobson (Eds.), *Marital Interaction: Analysis and Modification* (pp. 309-324). New York: Guilford.

Ritter, K. Y. (1985). The cognitive therapies. Journal of Counseling and *Development, 64,* 42-46.

Rush, A. J., Beck, A. T., Kovacs, M., & Hollon, S. D. (1977). Comparative efficacy of cognitive therapy and pharmacotherapy in the treatment of depressed outpatients. *Cognitive Therapy and Research, 1,* 17-37.

Saunders, D. (1982). Counseling the violent husband. In P. A. Keller & L. G. Ritt (Eds.), *Innovations in Clinical Practice: A Source Book* (Vol. 1,pp. 16-29). Sarasota, FL: Professional Resource Exchange.

Schindler, L., & Vollmer, M. (1984). Cognitive perspectives in behavioral marital therapy: Some proposals for bridging theory, research, and practice. In K. Hahlweg & N. S. Jacobson (Eds.), *Marital Interaction: Analysis and Modification* (pp. 309-324). New York: Guilford.

Schlesinger, S. E., & Epstein, N. (1986). Cognitive-behavioral techniques in marital therapy. In P. A. Keller & L. G. Ritt (Eds.), *Innovations in Clinical Practice: A Source Book* (Vol.5, pp.137-154). Sarasota, FL: Professional Resource

Exchange.

Schmaling, K. B., Fruzzetti, A. E., & Jacobson, N. S. (1989). Marital problems. In K. Hawton, P. M. Salkovskis, J. Kirk, & D. M. Clark (Eds.), *Cognitive Behavior Therapy for Psychiatric Problems: A Practice Guide* (pp. 339–369). Oxford: Oxford University Press.

Smith, D. (1982). Trends in counseling and psychotherapy. *American Psychologist, 37,* 802–809.

Snyder, D. K. (1981). *Marital Satisfaction Inventory (MSI) Manual.* Los Angeles: Western Psychological Services.

Sonkin, D., & Durphy, M. (1982). *Learning to Live Without Violence: A Handbook for Men.* San Francisco: Volcano Press.

Spainer, G. B. (1976). Measuring dyadic adjustment: New scales for assessing the quality of marriage and similar dyads. *Journal of Marriage and the Family, 38,* 15–28.

Spitzer, R. L., Williams, J. B. W., & Gibbon, M. (1987). *Instruction Manual for the Structured Clinical Interview for DSM–III–R (SCID).* Biometric Research Department, New York State Psychiatric Institute, 722 West 168th Street, New York, NY 10032.

Stuart, R. B. (1969). Operant–interpersonal treatment for marital discord. *Journal of Consulting and Clinical Psychology, 33,* 675–682.

Stuart, R. B. (1976). Operant–interpersonal treatment for marital discord. In D. H. L. Olson (Ed.), *Treating Relationships.* Lake Mills, IA: Graphic Press.

Stuart, R. (1980). *Helping Couples Change: A Social Learning Approach to Marital Therapy.* New York: Guilford.

Tyler, T., & Devinitz, V. (1981). Self–serving bias in the attribution of responsibility: Cognitive vs. motivational explanations. *Journal of Experimental Social Psychology, 17,* 408–416.

Walker, L. E. (1979). *The Battered Woman.* New York: Harper & Row.

Walker, L. E. (1984). *The Battered Woman Syndrome.* New York: Springer.

Weiss, R. L. (1980). Strategic behavioral marital therapy: Toward a model for assessment and intervention. In J. P. Vincent (Ed.), *Advances in Family Intervention, Assessment, and Theory* (Vol. 1, pp. 229–271). Greenwich, CT: JAI Press.

Weiss, R. L. (1984). Cognitive and strategic intervention in behavioral marital therapy. In K. Hahlweg & N. S. Jacobson (Eds.), *Marital Interaction: Analysis and Modification* (pp. 337–355). New York: Guilford.

Weiss, R. L. & Correto, M. C. (1980). The Marital Status Inventory: Development of a measure of dissolution potential. *American Journal of Family Therapy, 8,* 80–95.

Wood, L. F., & Jacobson, N. S. (in press). Clinical applications of behavioral marital therapy. In D, H, Barlow (Ed.), *Behavioral Treatment of Adult Disorders.* New York: Guilford.

Yost–Ritter, K. (1985). The cognitive therapies: An overview for counselors. *Journal of Counseling and Development, 64,* 42–46.

찾아보기

인 명

내용

저자 소개

Frank M. Dattilio, Ph.D.

미국 템플 대학교의 심리학부에서 박사학위를 받았으며, 박사과정을 끝낸 후 펜실베이니아 의과대학에 있는 인지치료센터에서 임상 전임의 과정을 마쳤다. 자격증을 갖춘 심리학자이며, 심리학 건강서비스 국립제공처(the National Register of Health Service Providers in Psychology)에 등재되어 있다. 미국 결혼과 가족치료협회에서 승인한 슈퍼바이저이며 임상 회원이다. 또한 펜실베이니아 대학교 인지치료센터 정신의학부(심리학)에서 임상으로 일하고 있고 리하이 대학교 소속 교육 조교수로도 재직 중이다. 관심 영역은 개인, 결혼, 가족치료이며, 수많은 전문적인 논문과 행동 장애, 불안, 결혼 불화(marital discord) 치료에 관계된 책들의 저자(공동저자)이기도 하다. Dattilio 박사는 미국과 유럽에서 강연을 진행해 오고 있으며, Arthur Freeman과 함께 1991년 Plenum에서 출간된 *A Casebook in Cognitive-Behavior Therapy*의 공동 편집자이기도 하다.

Christine A. Padesky, Ph.D.

UCLA에서 임상심리학 박사학위를 취득하였으며, 현재 캘리포니아 뉴포트비치에 있는 인지치료센터의 설립자이며 운영자다. 자격증을 갖춘 심리학자로 심리학 건강서비스 국립제공처에 등재되어 있다. 또한 캘리포니아 대학교(얼바인 캠퍼스) 정신의학과 인간행동부서의 임상 조교수로 재직 중이다. Padesky 박사는 미국과 해외에서 인지치료를 널리 알리는 저명한 강사 중 한 명으로 알려져 있다. 국제인지치료회보(International Cognitive Therapy Newsletter)의 설립자 겸 편집자이기도 하며, 우울증, 불안장애, 성격장애와 여성을 위한 인지치료에 관계된 공동저서와 논문을 발표해 왔다. Padesky 박사는 정신과 의사인 Aaron T. Beck과 *Cognitive Therapy of Personality Disorders-Guilford*(1990)를 공동 집필하였다.

역자 소개

곽욱환

정신과 전문의. 경상대학교 의과대학을 졸업하고, 정신과를 수료하였다. 서울 백병원에서 인지행동치료 전임의 과정을 거쳐 메타인지행동치료연구소에 부원장을 지냈다. 현재 창원에서 마음과마음 정신과의원(www.newmind.co.kr) 원장이며, 한국인지행동치료학회 정회원, ACT(Academy of Cognitive Therapy) 전문가과정을 수료하였다. 역서로는 『범불안장애의 인지행동치료(*Mastery of your anxiety and worry: therapist guide*)』(공역)가 있다.

김영란

정신과 전문의. 한양대학교 의과대학을 졸업하고, 동대학원에서 석사학위, 충남대학교에서 박사학위를 취득하였으며, 국립서울정신병원에서 정신과를 수료하였다. 대전에서 1995년부터 현재까지 지 정신과의원 원장으로 지내고 있으며, 멘토마인드센터, 행복의집을 운영하고 있다. 청소년쉼터, 쉼자리, 성폭력센터, 대전시립청소년합창단, 소망의집 자문위원이며, 충남대학교 의과대학과 한양대학교 의과대학의 외래임상교수이기도 하다. ACT(Academy of Cognitive Therapy) 전문가과정을 수료하였다. 역서로는 『자유를 찾아서』(공역)가 있다.

김윤정

정신과 전문의. 연세대학교 의과대학을 졸업하고, 순천향대학교병원에서 정신과를 수료, 동 대학원에서 박사학위를 취득하였다. 대한신경정신의학회 정회원, 한국인지행동치료학회 정회원, 대한소아청소년정신의학회 전문의, 대한노인정신의학회 인증의이며, 경희대학교 의과대학병원 소아청소년정신과 임상강사를 거쳐 현재 서울을지병원의 소아청소년 정신과 촉탁교수로 재직하고 있으며 대치동과 강남역의 멘토클리닉에서 겸임 원장으로 활동하고 있다.

남주영

정신과 전문의. 전북대학교 의과대학을 졸업하고, 국립감호정신병원에서 정신과 전문의 과정을 거쳐 메타인지행동치료연구소 부원장을 지냈다. 현재는 김포의 휴 정신과의원(www.hyu-clinic.com) 원장이며, ACT(Academy of Cognitive Therapy) 전문가과정을 수료하였고, 한국인지행동치료학회 정회원이다.

박영애

한남대학교 아동복지학과 교수. 서울대학교를 졸업하고, 일리노이대학교 대학원에서 석사학위, 고려대학교 대학원에서 박사학위를 취득하였다. 담당영역은 아동발달 · 상담, 놀이치료, 부모교육 · 상담 등이다. 현재 한국인간발달학회 회장, 대전광역시여성정책위원 및 보육정책위원, 충청남도아동정책위원 등을 맡고 있으며, 전 한국생활과학회 회장, 한국아동학회 부회장, 한국놀이치료학회 부회장, 한국가족복지학회 부회장 등을 역임한 바 있다. 국제학회로는 ISSBD, APT, WAIMH의 정회원이며, 역서로는 『놀이와 아동발달(*Children, play and development*[3rd ed.])』 『인지행동놀이치료(*Cognitive Behavioral Play Therapy*)』 『가족문제해결 핸드북(*The Handbook of Family Dispute Resolution*)』(이상 공역) 외 다수가 있다.

조정혜

정신과 전문의. 소아정신과 전문의. 충남대학교 의과대학을 졸업하고, 정신과를 수료하였다. 서울대학교병원 소아정신과 임상강사를 지낸 후 현재 대전에서 지 정신과의원 원장으로 일하고 있다. 한국인지행동치료학회 정회원, 소아청소년학회 정회원이며, 금산보건센터 자문위원, 청소년상담센터, 자문위원으로 활동하고 있다.

부부를 위한 인지치료

Cognitive therapy with couples

2010년 3월 8일 1판 1쇄 인쇄
2010년 3월 12일 1판 1쇄 발행

지은이 • Frank M. Dattilio and Christine A. Padesky
옮긴이 • 곽욱환 · 김영란 · 김윤정 · 남주영 · 박영애 · 조정혜
펴낸이 • 김진환
펴낸곳 • (주) 학지사
121-837 서울특별시 마포구 서교동 352-29 마인드월드빌딩 5층
대표전화 • 02) 330-5114 팩스 • 02) 324-2345
등록번호 • 제313-2006-000265호

홈페이지 • http://www.hakjisa.co.kr
커뮤니티 • http://cafe.naver.com/hakjisa

ISBN 978-89-6330-343-7 93180

정가 13,000원

역자와의 협약으로 인지는 생략합니다.
파본은 구입처에서 바꾸어 드립니다.